dtv
Reihe Hanser

Manchmal ist es ein Geruch, eine Farbe oder ein Lachen und plötzlich tauchen Erinnerungen an die Kindheit, an Orte oder Menschen auf. Aber nicht immer geht es beschaulich oder wundersam zu im Leben. Auch eine kleine List oder eine kleine Gaunerei kann sehr nützlich sein, um den Widrigkeiten des Alltags zu trotzen. In 21 Geschichten, zusammengestellt aus seinen schönsten Büchern, erzählt Rafik Schami von der Liebe, dem Lachen und der Sehnsucht, aber auch »von der List und anderen Gaunereien«.

Rafik Schami wurde 1946 in Damaskus geboren. Seit 1971 lebt er in Deutschland. Er studierte Chemie, wurde in diesem Fach promoviert und arbeitete in der Industrie. Doch das Erzählen war ihm wichtiger und er zählt heute zu den bekanntesten und erfolgreichsten Schriftstellern deutscher Sprache. In der *Reihe Hanser* sind von ihm bereits erschienen: »Das ist kein Papagei« (dtv 62020) mit Illustrationen von Wolf Erlbruch, »Reise zwischen Nacht und Morgen« (dtv 62083), »Der geheime Bericht über den Dichter Goethe« (dtv 62068) zusammen mit Uwe-Michael Gutzschhahn, »Die Sehnsucht der Schwalbe« (dtv 62195) und »Der Kameltreiber von Heidelberg« (dtv 62374) mit Illustrationen von Henrike Wilson.

Root Leeb, geboren 1955 in Würzburg, studierte Germanistik, Philosophie und Sozialpädagogik und arbeitete als Lehrerin und Straßenbahnschaffnerin. Sie lebt als freie Autorin und Illustratorin in der Nähe von Mainz.

Das große

Rafik Schami

Buch

Mit Vignetten von Root Leeb

Deutscher Taschenbuch Verlag

Das gesamte lieferbare Programm der *Reihe Hanser*
und viele andere Informationen finden Sie unter
www.reihehanser.de

Originalausgabe
In neuer Rechtschreibung
Oktober 2009
© Deutscher Taschenbuch Verlag GmbH & Co. KG,
München
© für den Text: 2009 Carl Hanser Verlag München
Umschlagbild: Root Leeb
Satz und Lithos: Greiner & Reichel, Köln
Gesetzt aus der Palatino 11/13˙
Druck: Druckerei Beck, Nördlingen
Gedruckt auf säurefreiem, chlorfrei gebleichtem Papier
Printed in Germany · ISBN 978-3-423-62418-3

Inhalt

Von der Liebe und anderen Herzsprüngen
Das Schwein, das unter die Hühner ging 9
Liebesübungen 16
Hände aus Feuer 32
Der erste Kuss nach drei Jahren 55
Die Traumfrau 62

Von Sehnsucht und anderen Schwalben
Der fliegende Baum 67
Wie die Mohnblume eine neue Welt entdeckte ... 78
Herbststimmung 86
Der Drache von Malula 88

Vom Lachen und anderen Erfrischungen
Die Homsianer 111
Der E-Furz 120
Andere Sitten 122
Kebab ist Kultur 125
Der Kummer des Beamten Müller 135
Was Frauenfürze alles bewegen können 140
Prozentprophet 148

Von List und anderen Gaunereien
Der Schnabelsteher 153
Der Fliegenmelker 165
Der einäugige Esel oder
    Wie einer auf dem Richter reiten wollte 174
Der kluge Rabe oder der Fuchs als Pilger 178
Wie Milad unfreiwillig in die russische Revolution
    verwickelt wurde 188

Von der Liebe und anderen Herzsprüngen

Das Schwein, das unter die Hühner ging

 Auf einem alten Bauernhof lebten einst viele Hühner und Schweine. Sie lebten dort sehr glücklich. Es gab immer genug zu essen und zu trinken. Der Hahn hatte einen prächtigen Misthaufen, auf dem er jeden Morgen die Sonne mit seinem »Kikeriki« begrüßen konnte, und die Schweine hatten eine große schlammige Pfütze, in der sie sich nach dem Mittagessen genüsslich suhlen konnten.

Die Hühner und die Schweine waren sehr höflich zueinander. Wenn sie einander begegneten, sagten sie »Guten Tag, Herr Nachbar« oder »Wie geht es Ihnen, Frau Nachbarin?«. Und abends riefen sie »Gute Nacht!«, bevor sie in ihren Ställen schlafen gingen. Aber trotzdem spielte kein Huhn jemals mit einem Schwein. »Ein Schwein kann nicht einmal über den Zaun fliegen«, dachten die Hühner, während gleichzeitig viele Schweine davon träumten, eines Tages fliegen zu können.

Hin und wieder ärgerte sich der Hahn über ein Schwein, wenn es versuchte, vom Misthaufen auf den Hof hinunterzurutschen, dabei kopfüber auf die Nase purzelte und den ganzen Misthaufen durcheinander brachte.

Auch die Schweine spielten nie mit den Hühnern. Kein Huhn konnte verstehen, wieso die Schweine sich um die Wette im Schlamm wälzten.

»Nein, meine Federn werden schmutzig. Wir Hühner mögen keine dreckigen Federn«, antwortete deshalb jedes Huhn schnippisch, wenn ein Schwein es zum Spielen einlud. Die Hühner wollten auch nie »Schubsen« spielen, sie hatten Angst zerquetscht zu werden.

»Was können sie denn außer dem blöden Eierlegen und Fliegen?«, ärgerten sich dann die Schweine und wandten sich grunzend ab.

Manches Huhn wiederum wollte auch so kräftig wie ein Schwein werden, aber so sehr es auch Körner aufpickte, nie wurde ein Huhn so schön rund und kräftig.

Dennoch waren die Hühner sehr zufrieden mit ihrem Leben, und wenn nicht ab und zu ein gemeiner Fuchs durch das kaputte Fenster in ihren Stall geschlichen wäre und eine ihrer Schwestern gerissen hätte, wären sie die glücklichsten Hühner der Welt gewesen.

Die Schweine hatten natürlich keine Angst vor dem Fuchs, und so waren sie alle rundherum zufrieden.

Alle?

Nein! Das Schwein Albin war unglücklich! Albin hatte von Geburt an eine schneeweiße Haut und nicht so eine rosige wie alle anderen Schweine. Deshalb wurde er von den anderen ausgelacht. Wenn die Schweine Versteck spielten, wurde Albin immer als Erster gefunden, sosehr er sich auch bemühte, still hinter einem Busch zu stehen. Nur einmal blieb er lange unentdeckt.

Es war Winter und überall lag Schnee. Albin stand ganz still und lächelte zufrieden vor sich hin. Als aber ein Hund kam und Albin für einen Stein hielt, sein Bein hob und pinkelte, quiekte Albin entsetzt. Die anderen Schweine wälzten sich vor Lachen.

»Albin ist ein Hundeklo!«, riefen sie im Singsang und seit diesem Tag wollte kein Schwein mehr mit ihm spielen. Auch dann nicht, wenn Albin sich wie die anderen im Schlamm gewälzt hatte. »Ach Gott, wie dreckig du bist!« Die das riefen, waren zwar genauso dreckig, aber bei Albin sah man den Schmutz sofort.

So blieb Albin oft allein und träumte von einer Welt voller weißer Schweine.

Eines Tages sah Albin ein altes Huhn verschreckt gackernd aus dem Stall rennen. Der Hahn hatte es wütend verjagt, begleitet vom wilden Gekeife der anderen Hühner. »Elende Henne! Du sollst selber Eier legen!« Und noch vom Misthaufen herab verfluchte der Hahn das ängstliche Huhn als Dieb.

Keuchend erreichte das alte Huhn die ferne Ecke, in die sich Albin bereits zuvor zurückgezogen hatte.

»Na, was hast du denn angestellt?«, brummte Albin gutmütig. Das alte Huhn holte tief Luft und schüttelte den Kopf. »Ach, nicht der Rede wert, ich bin alt geworden und kann keine Eier mehr legen. Wenn der Bauer das erfährt, wirft er mich in den Topf. Wir sind vierzig Hühner, habe ich ihnen gesagt, und wenn jede Nachbarin mir ab und an ein Ei gibt, wird der Bauer nichts merken.«

»Wie denn? Kann er nicht zählen?«

»Der Bauer zählt die Eier nicht, mal sind es fünfundzwanzig, mal neunundzwanzig. Es macht ihm nichts aus. Wenn er aber sieht, dass immer bei mir ein Ei fehlt, dann wird er mir nicht einmal mehr das Wasser zum Trinken geben, und dann ...« Das Huhn fing bitterlich an zu weinen.

»Ach so!«, rief Albin entsetzt.

»Ich habe ihnen gesagt, ich könnte ihren Küken Märchen erzählen, wenn sie keine Zeit für sie haben«, schluchzte das alte Huhn, »aber diese Dummköpfe haben mir nicht einmal zugehört. Der Hahn hat mich verstoßen, jetzt mögen mich alle nicht mehr!«

»Ach was, mir macht es nichts aus. Ich mag dich, auch wenn du keine Eier legst. Wie heißt du denn?«

»Lila!«, antwortete das Huhn. »Magst du mich wirklich?«, fragte es dann leise.

»Ja, klar, wenn ich es dir sage! Komm, wir spielen zusammen!«, rief Albin, und die beiden spielten vergnügt den ganzen Tag.

»Schaut her! Schaut her! Der Albin ist übergeschnappt, er hat ein Huhn als Freundin!« Die Schweine schüttelten verständnislos den Kopf.

»Tja, was habe ich gesagt«, krähte der Hahn. »Sie ist verrückt geworden, kein Wunder bei dem Alter! Schaut euch nur die dreckigen Federn an. So ist es, wenn ein Huhn ein Schwein zum Freund hat.«

Die Hühner fielen natürlich sofort in das Gezeter des Hahnes ein. Aber das machte den beiden Freunden gar nichts aus. Sie erfanden immer neue Spiele und kamen an diesem Tag aus dem Lachen nicht mehr heraus.

Als es Abend wurde, beschlossen beide, draußen auf dem Hof zu bleiben. Sie versteckten sich im Heu, bis der alte Bauer die Stalltüren abgeschlossen und sich mit schweren Schritten ins Haus begeben hatte.

Es war Vollmond. Albin und Lila saßen auf dem Misthaufen und schauten den Mond, die Sterne und die Felder an. Sie erzählten sich Geschichten von ihren Träumen und spürten nicht, wie schnell die Zeit verging. Als es wieder dämmerte, versteckten sie sich tief im Heu. Bald öffnete der Bauer die Türen, der Hahn krähte, aber Albin und Lila schnarchten in ihrem Versteck bis zum Mittag. Von Tag zu Tag und von Nacht zu Nacht verstanden sie sich besser.

Eines Nachts schauten beide tief in Gedanken versunken in die Ferne. Der Vollmond hatte die Felder wieder mit seinem schönen, silbernen Glanz überzogen. Albin und Lila konnten sich kaum satt sehen am prächtigen Bild dieser Landschaft. Plötzlich schreckte Lila auf. Sie reckte sich, um besser sehen zu können, und wirklich, jetzt sah sie ihn, den Fuchs! Vor lauter Aufregung bekam sie Schluckauf.

»Was machst du denn für komische Geräusche? Hast du dich verschluckt?«, fragte Albin.

»Der Fu…, der Fu…, der Fuchs«, stotterte Lila.

»Du brauchst doch keine Angst vor dem Fuchs zu haben! Ich bin doch bei dir«, beruhigte Albin sie stolz.

»Ja, aber die anderen …«, flüsterte Lila leise. Alle Federn standen ihr zu Berge.

»Komm, ich habe eine Idee«, sagte Albin und erklärte Lila seinen Plan. Beide kicherten leise und eilten zum Hühnerstall. Lila stieg auf Albins Rücken und zog den Riegel auf. Und während Albin vorsichtig in den Hühnerstall schlüpfte, rannte Lila zurück zum Schweinestall, flatterte leise durch das zerbrochene Fenster in den Stall hinein und versteckte sich unter der Fensterbank. Kein Schwein hatte es bemerkt, aber drüben im

Hühnerstall wachte der Hahn auf, als Albin auf dem Weg zum Fenster auf eine Schüssel trat.

»Jetzt bringt dieses verrückte Huhn auch noch das Schwein mit nach Hause!«, rief der Hahn verärgert, und die Hühner gackerten zustimmend. »Psssst! Seid doch leise! Der Fuchs ist draußen«, flüsterte Albin.

»O Gott, der Fu…, der Fuchs«, krächzten die Hühner ängstlich.

Der Fuchs erreichte den Hühnerstall und wollte wie gewohnt durch das kaputte Fenster schleichen, doch er bekam einen Riesenschreck, als er Albin dahinter erblickte.

»Na, alter Fuchs! Wie geht's, wie steht's?«, fragte Albin den verdutzten Fuchs.

»Ach, danke, es geht so, aber sag mal, was machst du denn hier? Das ist doch …, das ist doch der Hühnerstall!«

»Nein, hier wohnen jetzt wir. Die Hühner sind in den anderen Stall gezogen«, antwortete Albin laut.

Drüben fing Lila an, leise zu gackern.

»Ich danke dir«, sagte der Fuchs erleichtert, als er das verräterische Gackern hörte. »Ich wusste nicht, dass Schweine den Füchsen helfen, wenn ich das meinen Freunden erzähle, wird keiner mir glauben.«

»Oh, doch«, erwiderte Albin. »Aber pass auf, die Hühner sind dicker geworden.«

»Na, das ist ja prima! Ich habe riesigen Hunger.« Dem Fuchs lief das Wasser im Mund zusammen. Er machte kehrt, lief über den Hof und sprang mit einem Satz in den dunklen Stall hinein…

Die Schweine quiekten erschreckt auf, rannten blind im Stall umher und trampelten den Fuchs nieder. Und jedes Mal, wenn er sich gerade wieder aufrappeln wollte, wurde er erneut von einem Koloss zu Boden geworfen. Der Fuchs schrie so entsetzt und schmerzerfüllt um Hilfe, dass alle Hühner lachten. Denn sie hatten in dieser Nacht zum ersten Mal keine Angst mehr vor dem Fuchs.

»Verfluchter und verhexter Hof! Die Hühner sind zu Schweinen geworden!« Mit größter Mühe hatte sich der Fuchs aus dem Fenster ins Freie gerettet, machte sich davon und schwor laut, diesen Hof nie wieder zu betreten.

»Ich sagte dir doch, sie sind dicker geworden«, klang Albins Stimme noch lange schadenfroh in seinen Ohren.

Der Hahn aber bedankte sich bei Albin und Lila. Er war beschämt, dass er Lila beschimpft hatte, bloß weil sie keine Eier mehr legen konnte. Und die Schweine waren stolz auf ihren Albin, der den schlauen Fuchs reingelegt hatte. Jetzt wollten sie alle mit ihm spielen, aber er spielte weiterhin am liebsten mit Lila.

»Am besten ist es«, rief er übermütig und auch ein wenig stolz seinen neuen Freunden zu, »jede Sau befreundet sich mit einem Hahn und jedes Huhn mit einem Schwein!«

Liebesübungen

Den Jungen meines Viertels kannst du alles erzählen, nur nichts von der Liebe. Jeder Dreizehnjährige kennt sämtliche Fraktionen der PLO, die Stärken und Schwächen der Gewehre und Raketensysteme, aber mit ihnen über Liebe zu reden ist völlig unmöglich. Jeder von ihnen wird beim Zuhören zum Esel, beginnt auszuschlagen, »Iah« zu schreien, zu schnauben und zu beißen. So ging ich eines Tages fast verzweifelt zu Nadime.

Vorsichtig begann ich ihr zu erzählen. Ich erwartete Tadel, Mahnungen oder zumindest einen Seufzer, gefolgt von der Bitte: »Aufpassen, Junge, arabische Mädchen werden schon durch den bloßen Blick eines Mannes schwanger. Und beim ersten Kuss bekommen sie Zwillinge.« Das waren so ungefähr die Worte unseres Nachbarn Taufik an seinen Sohn gewesen, als der ein Mädchen aus unserer Gasse liebevoller als sonst angelächelt hatte, so dass die Geschichte sich rumsprach.

Nadime aber strahlte mich an und streichelte mir die Hand, während ich erzählte. Immer wieder flüsterte sie: »Schön, schön«, und ermunterte mich weiter zu reden.

Ich werde den Tag nie vergessen. Als ich zu ihr kam, zupfte sie gerade ihre Augenbrauen. Sie pflegte sich, anders als meine Mutter, jeden Tag, als erwarte sie einen Liebhaber.

Ich weiß nicht mehr ganz genau, was ich ihr damals alles erzählte, doch ich weiß, dass ich von meiner Befürchtung sprach, Samira werde das Weite suchen, sobald sie von meiner Armut erführe. Nadime schaute mich mit traurigen Augen an.

»Und wer hat dir diesen Unsinn beigebracht? Mein Carlos hätte in Argentinien jedes Mädchen haben können und du musst wissen, die Argentinierinnen sind besondere Schönheiten, die beste Mischung der Kontinente. Und was hat er gemacht? Alle links liegen gelassen und sich ein Mädchen aus der Abaragasse gesucht, eine, die kein Wort Spanisch verstand und keinen Piaster besaß. Die Liebe wohnt im Herzen und dort fließt bei allen Menschen, ob arm oder reich, schwarz oder weiß, das gleiche Blut. Das mach dir ein für alle Mal klar und dann liebst du den Menschen, zu dem du dich hingezogen fühlst.«

»Aber sie spricht anders, so sicher und überzeugend, und ich weiß nicht, was ich drauf antworten soll. Also bleibe ich stumm und komme mir vor wie der letzte Depp.«

»Das mag sein, aber Sprechen kann man lernen. Vielleicht müssen die Hände, die dich aus dem Bauch deiner Mutter gezogen haben, ein bisschen hobeln, damit du elegante Rundungen bekommst, an denen deine Freundin Freude hat. Wie heißt sie denn?«

»Samira«, sagte ich und lachte beim Gedanken an die Schleifarbeit, die Nadime an mir vornehmen wollte.

»Und was liegt dir auf dem Herzen? Was würdest du am liebsten tun?«, fragte sie.

»Ich möchte ihr einen Liebesbrief schreiben und sagen, dass ich nicht dumm bin, obwohl ich bisher viel geschwiegen habe.«

»Na gut. Dann setz dich hin und schreib. Und ich werde dir helfen den Brief zu verbessern«, sagte sie und fing an sich zu schminken. Nadime hat schöne Augen, und wenn sie sie mit Kajal hervorhebt, wirken sie sehr groß. Samira sagte später einmal, Nadime habe Augen wie die junge Liz Taylor, aber das stimmt nicht ganz, auch wenn sich die Gesichter ein bisschen ähneln. Nadime hat viel klügere Augen und vor allem strahlen sie die Wärme ihres Herzens aus.

Ich brütete den ganzen Nachmittag über meinem Brief und das, was herauskam, war die reinste Katastrophe. Nadime schaute sich meine Zeilen an und schüttelte den Kopf.

»Was soll das mit dem Heiraten? Und das hier? Drei Viertel des Briefes sind nichts als Entschuldigungen. Und das Gedicht am Ende mit der Sonne und der Nacht ist völlig daneben.«

Ich hatte Samira mein erstes und letztes Gedicht geschrieben. Es war nichts als verlogener Kitsch, ungefähr so: Du bist die Sonne / Ich bin die Nacht / Wir zeugen die Wonne / Bis der Tag wieder lacht.

»Nein«, sagte Nadime und legte mein mühselig voll geschriebenes Papier zur Seite. »Dem Brief fehlen Feuer, Sturm und Pfeffer. Übrigens, heiraten will jetzt erst einmal niemand und gezeugt wird auch nichts, verstanden? Jetzt sollt ihr das Leben genießen, alles andere kommt später.«

Ich setzte mich wieder hin und schrieb, was Nadime mir diktierte, während sie ein kleines Kissen umarmte und mit geschlossenen Augen hin und her schaukelte.

Aber der Brief wurde immer deftiger und ich merkte, wie mir das Ganze immer peinlicher wurde. Nadime sparte nicht mit Ausdrücken der Begierde und Sehnsucht nach Samiras Körper und Geruch. Ich hörte auf zu schreiben.

»Ist es nicht besser, etwas vorsichtiger zu sein?«

»Liebe und Vorsicht sind miteinander verfeindet. Schreib, was ich dir sage, oder lass mich meine Siesta genießen und such Pfarrer Basilius auf. Der ist in allem vorsichtig.«

Ich schrieb weiter, doch als Nadime diktierte: »Ich wünsche mir in meinen schlaflosen Nächten, dass meine Lippen zu Schmetterlingen werden, die deine Haut leise küssen«, wand ich mich wieder und wollte nicht weiterschreiben. Nadime spürte mit geschlossenen Augen, dass ich mit Zweifeln kämpfte. Sie zeigte mit der Hand auf die Tür, da schrieb ich folgsam weiter.

Nadime bestand darauf, dass ich das Geheimnis unserer Komplizenschaft für mich behielt. Das tat ich auch all die Jahre.

Samira war ganz hingerissen, als sie den Brief las. »Wenn man dich so still dasitzen sieht, hält man dich für einen harmlosen Jungen, aber stille Wasser sind tief. Robin Williams ist genauso. Das mit den Schmetterlingen hat mich ja umgehauen. So was hab ich noch in keinem Film gehört.«

Ich wusste nicht, wer Robin Williams war, aber mir war klar, dass Nadime den Kern getroffen hatte.

»Und wie bringe ich Samira schonend bei, dass ich arm bin?«, fragte ich sie nach ein paar Tagen.

»Armut kann man niemandem schonend beibringen. Mach es anders: Übertreibe und schockiere! Dann wird sie später das Gefühl haben, alles ist gar nicht so schlimm.«

Ich möchte wissen, woher Nadime das alles hat. Sie spricht immer so direkt, ohne »vielleicht« und »könnte«. »Wenn« und »aber« kennt sie nicht.

Ich erzählte Samira also beim nächsten Treffen von meiner schrecklichen Armut, die in dieser Darstellung, sagen wir mal, drei Stockwerke tiefer im Keller lag, als es in Wirklichkeit der Fall war. Samira war sofort fasziniert und wollte unbedingt so schnell wie möglich unsere Gasse kennen lernen.

Es waren aber noch ein paar Kleinigkeiten zu arrangieren, ehe Samira kommen konnte. Lange überlegten Nadime und ich, wie sich Samira unauffällig in unserer Gasse aufhalten und bewegen könnte. Ich weiß nicht, wie das bei euch im Dorf ist, aber bei uns konnten wir Jungen und Mädchen aus der Gasse vieles zusammen machen, ohne dass die Erwachsenen daran Anstoß genommen hätten. Das war nicht das Problem. Doch wenn sich ein Fremder in der Gasse aufhielt, musste er dafür triftige Gründe haben oder er wurde misstrauisch beäugt.

»Am besten kommt Samira zu mir und du holst sie hier ab. Sie ist eine entfernte Nichte von mir, deren Eltern gerade nach Damaskus umziehen, und sie wird nun immer wieder zu Besuch kommen. Sag einfach, ich hätte dich gebeten sie abzuholen, damit sie ein bisschen bei dir und der Clique sein kann.«

Die Clique, das waren mit mir vier Jungen und zwei Mädchen. Adnan, der Sohn des Postboten, war vierzehn, simpel und gutmütig. Baschar war gerade dreizehn geworden. Er war ein Angeber und der schärfste Typ von uns allen. Salman war ein Winzling, aber der größte Gauner im christlichen Viertel. Aida und Jeannette gehörten auch dazu. Aida war klein und gedrungen wie ihre Mutter und hatte die gleiche scharfe Zunge, aber sie war die beste Tänzerin, die ich je erlebt habe. Jeannette dagegen hatte rote Haare, eine mit Sommersprossen übersäte rosa Haut, von nichts eine Ahnung und vor allem Angst. Sie erschrak sogar vor ihrem eigenen Schatten. Kannst du dir vorstellen, dass jemand in der Nacht auf dem Weg zur Toilette mit einem Lineal gegen alle Türen klopft, um sich bemerkbar zu machen? Warum? Das habe ich sie auch gefragt. »Damit ein Einbrecher mich hört und sich versteckt«, antwortete Jeannette. »Wenn ich dann im Bett liege, kann er von mir aus weiterstehlen. Er soll mir nur keine Angst einjagen.«

Obwohl jedes Mitglied der Bande Geschwister hatte, die ein paar Jahre jünger oder älter waren, gehörten die nicht dazu. Es war in unserer Clique verpönt, sie mitzubringen, denn Geschwister waren nur eine Last und in der Regel petzten sie bei den Eltern, um Eindruck zu schinden. Jasmin, meine Schwester, weinte oft, weil ich ihr nicht erlaubte, mit uns auf die Felder zu gehen oder auch nur auf der Gasse zu spielen. Später hatte sie ihre eigene Clique, die dann uns boykottierte. Bei uns Arabern ist das doch so: Jeder von uns ist allein ein edler Ritter, zu zweit sind wir Brüder, zu dritt zwei Streithähne und ein Richter, und wenn wir zu viert sind, bilden wir eine Sippe mit einem Scheich an der Spitze. Und jede Sippe muss Konkurrenz haben, sonst macht das Leben keinen Spaß.

Unsere Clique bestand seit unserer frühen Kindheit, denn wir hielten uns mehr auf der Gasse auf als bei unseren Eltern. Ich galt als der Fuchs der Bande, denn immer, wenn es eng wurde, wusste ich einen Ausweg. In der Clique sagte keiner zu mir »Sohn der Hure«, sosehr wir uns auch manchmal stritten. Es gab eine gemeinsame Ehre, die jeder von uns hochhielt. Wer sie verletzte, wurde verstoßen. Dazu ist es sogar auch einmal gekommen. Wir hatten Jusuf, den Sohn des Uhrmachers, ermahnt, er solle aufhören, Geschichten über unsere Abenteuer zu verbreiten. Aber er besaß nun mal ein flinkes Mundwerk und erfand weiter Lügen, um bei den Nachbarn anzugeben. Da warfen wir ihn raus.

Kam ein Gast, für den einer von uns bürgte, so wurde er von allen anderen Mitgliedern willkommen geheißen.

Nadimes Plan war genial, doch ich fürchtete mich vor dem großen Angeber Baschar.

»Tja, da kann ich dir nicht helfen«, sagte Nadime. »Du wirst wohl deine Samira nicht vor der Welt verstecken und in Olivenöl einlegen können aus Angst, dass sie sich in einen anderen verliebt. Wenn sie dich liebt, brauchst du keine Angst zu haben, und wenn sie dich nicht liebt, noch weniger, weil du das besser heute als morgen erkennen solltest.«

Ich stand mit offenem Mund da, Nadime aber lächelte und hob mit ihrem Zeigefinger zärtlich meinen Unterkiefer, bis ich verlegen den Mund schloss.

Nadime verscheuchte auch meine Angst, Samira

könnte erschrecken, wenn irgendein Dummkopf in der Gasse mich wieder »Sohn der Hure« nannte.

»Keine Sorge«, beschwichtigte mich Nadime, »sie soll es ruhig hören. Frauenohren hören so etwas anders. Und wenn sie das nicht versteht, kann ich es ihr immer noch erklären. Sie ist schließlich meine Nichte, nicht wahr?«

Samira ist drei Jahre älter als ich, aber einen Kopf kleiner. Als sie mich bei unserer ersten Begegnung fragte, wie alt ich sei, antwortete ich: »Achtzehn.« Und obwohl sie daran zweifelte, war sie erleichtert, denn nichts anderes wollte sie hören. Sie bohrte nie nach. Auch später in der Gasse nicht, zumal ihr der Angeber Baschar zugeflüstert hatte, er sei neunzehn.

Nun waren Samira und ich trotz unserer Zuneigung verschieden, sehr verschieden sogar. Samira ist ein Augenmensch. Ich bin ein Ohrenmensch. Für eine gute Geschichte gäbe ich mein letztes Hemd. Ich denke heute noch gern an die glücklichen Stunden in meiner Kindheit zurück, als ich zwei Jahre, acht Monate und achtundzwanzig Nächte lang Scheherazade im Radio lauschen durfte.

Samira hatte sich keine einzige Folge angehört. Sie konnte schon immer schwer zuhören, aber dafür konnte sie dir eine Szene aus einem Film auch nach Jahren noch so genau beschreiben, als hätte sie ihn gerade eben gesehen. Sie war verrückt nach Kino. Und sie hatte Geld wie Heu, denn ihr Vater war einer der reichsten Männer von Damaskus, wenn nicht von ganz Arabien. Aber von all den reichen Schnöseln und Erbschleichern, die sie umschwärmten, wollte Samira nichts wissen. Ausgerechnet in mich, diesen armen Teufel, hatte sie sich verliebt.

Doch es war nicht einfach, sie zu lieben. Denn sie lief mit mir zwar zum Beispiel eine Straße entlang, war dabei aber gar nicht in Damaskus, sondern irgendwo in einem Film und sprudelte nach Belieben alles von Michelle Pfeiffer oder Kim Basinger, Julia Roberts, Isabelle Huppert, Jeanne Moreau, Ava Gardner oder weiß der Teufel welchen Schauspielerinnen hervor. Wenn sie sich mit mir unterhielt, sprach sie nicht wirklich mit mir, sondern zu irgendeinem Schauspieler in irgendeinem Film. Wenn sie aß, aß sie wie irgendeine Filmdiva in einem Film. Und da sie reich war, konnte sie sich sogar die Gerichte auf das Genaueste so zubereiten lassen, wie sie in den Filmen gezeigt wurden. Und die Kellner in den Restaurants gehorchten, weil es dann ein gutes Trinkgeld und Lob von Samiras Vater gab, der seine Tochter abgöttisch liebte. Solch ein Lob war Gold wert und besser als all die teuren Werbeplakate, denn wenn der Vater ein Restaurant für gut befand, ging er mit seinen reichen Kunden dort essen und das bedeutete, dass an einem Tag ein ganzer Monatsverdienst hereinkam.

Auch wenn sie mich küsste, hatte sie nicht wirklich mich, sondern Robert Redford, Robert De Niro, Kevin Costner, Omar Sharif oder meinetwegen unseren Komiker Dured Laham vor sich. Wenn ich lachte, war ich Eddie Murphy, und wenn ich ernst blickte, sagte sie Sidney zu mir und meinte den schwarzen Schauspieler Sidney Poitier. Aber am liebsten war sie Ingrid Bergman in ›Casablanca‹ und ich spielte unfreiwillig Humphrey Bogart.

Wenn wir uns stritten, war ich der eiskalte Alain Delon oder Michael Douglas. Ich war Clint Eastwood, wenn ich mich erfolgreich gegen meine Gegner wehrte, und Tony Curtis, wenn ich meinen Erfolg ergaunerte. Trat ich wie ein Ungetüm auf, rief sie: »Da kommt mein Gérard!«, und meinte Gérard Depardieu. War ich melancholisch oder traurig, so war ich Johnny Depp oder Andy Garcia. Und wenn ich mit anderen Mädchen flirtete, so verglich sie mich mit Marcello Mastroianni oder Harry Belafonte. Alles hing von ihrer Stimmung ab. Manchmal – wenn sie ärgerlich war – verglich sie mich nur noch mit ägyptischen Schauspielern, die sie alle nicht sonderlich gut fand. Sie waren ihr zu fett und spielten angeblich drittklassig.

Einzige Konstante bei ihr war mein Lachen. Sie behauptete, wenn ich lachte, sei ich wie der junge Harry Belafonte. Es spielte keine Rolle, dass der Schauspieler heute so alt ist wie ihr Großvater, denn in den Filmen war er jung und für Samira blieb er es für immer und ewig. Ich finde, man muss schon etwas kurzsichtig sein, um mich mit Harry Belafonte zu vergleichen, aber genau das ist es ja. Samira ist furchtbar kurzsichtig, aber sie trug damals aus Eitelkeit nur in der Dunkelheit des Kinosaals eine Brille. Kontaktlinsen waren ihr ein Gräuel.

Samira war übrigens gleich begeistert von der Idee, als Nadimes Nichte in unsere Gasse zu kommen. Und eine Stunde später schaute die Hebamme schon zum Fenster heraus und rief mir zu, ich solle ihre Nichte mit der Gasse bekannt machen. So kam Samira schnell in unsere Clique, und da sie mit Geld um sich warf, eroberte sie die immer halb verdursteten und verhungerten Mitglieder im Sturm. Sofort befreundete sie sich mit den beiden Mädchen und kam von da an so oft, wie sie wollte. Und genauso schnell verliebte sich Baschar auch unsterblich in sie. Zu meinem und vor allem zu seinem Unglück, doch davon später.

Nachdem Samira beim zweiten Besuch unverblümt, wie es so ihre Art war, gefragt hatte, ob wir uns nicht irgendwo allein treffen könnten, eilte ich mit dieser Frage wieder zu meiner Freundin Nadime. Denn ich wollte auch gern mit Samira allein sein, wusste aber nicht, wie und wo.

»Hier bei mir«, war Nadimes knappe Antwort.

»Bei dir?«, fragte ich entsetzt.

»Wo denn sonst, in der katholischen Kirche?«

»Und du?«

»Ich verdrücke mich für ein Stündchen zu deiner Mutter und lasse mich mit Kaffee und Klatsch verwöhnen, bis du mir den Schlüssel bringst.« Sie lachte laut.

Und bis heute weiß ich nicht, wie mir die nächste Frage über die Lippen gestolpert kam: »Und was tun wir dann hier?«

Nadime verstand mich nicht recht. »Wen meinst du mit ›wir‹?«

»Samira und mich«, sagte ich und zitterte bei der Vorstellung, ich könnte mich vor einem mit allen Wassern der Filmindustrie gewaschenen Mädchen blamieren.

»Na gut!« Die Hebamme wunderte sich. »Komm am besten heute Nachmittag um drei Uhr zu mir. Ich muss erst noch zu einer Entbindung und danach einen Besuch bei einer kranken Frau machen. Mittags muss ich mich dann ein Stündchen hinlegen. Wenn du mich aber danach besuchst, sag ich dir, was du mit Samira anstellst.«

Punkt drei war ich da, doch Nadime war gerade erst aufgestanden.

»Das war eine schwere Geburt. Ein bildhübsches Baby, von zwei Monstern gezeugt. Aber wer weiß, Kinder verändern sich stark beim Wachsen«, sagte sie und erhob sich, um mit mir in den kleinen Innenhof zu gehen, der über und über mit Blumen und Zitronenbäumen bewachsen war. Sie setzte sich auf ein rotes Sofa neben dem kleinen Springbrunnen und sagte mehr zu sich als zu mir: »Mal sehen, wie du Samira empfangen willst.«

Eine Tortur folgte. Wirklich! Liebesübungen nannte Nadime die folgenden Stunden.

»Nehmen wir an, ich bin Samira«, sagte sie. »Ich klopfe an der Tür und du sagst: ›Herein‹. Und ich komme durch diesen Gang, der zum Innenhof führt. Was machst du?«

Ich saß auf dem Sofa. »Ah, Samira? Bist du da?«, fragte ich allen Ernstes.

»Wie einfallslos«, sagte Nadime, »natürlich ist sie da. Noch einmal. Los, lass deinen Gehirnkasten spielen!«

Nadime verschwand im Korridor und ich hörte sie bald »Tock, tock, tock« rufen.

»Herein«, rief ich zurück und konnte mein Lachen nur mit Mühe unterdrücken. Nadime stürmte heran, dabei wäre sie beinahe in die Rosenhecke gefallen, weil sie die Kurve zum Sofa mit etwas zu großem Schwung nahm. Ich sprang ihr entgegen, stolperte über einen Hocker und fiel selbst zu Boden.

»Das ist ja wunderbar, bald setzen wir unsere Liebesübungen im Krankenhaus fort.« Nadime lachte schallend, dann half sie mir auf und streichelte mir die Wange. »Noch mal«, sagte sie. Ich kehrte auf das Sofa zurück, sie in den Gang. »Tock, tock, tock!«

»Herein«, sagte ich wieder, stand auf und lief ihr entgegen. Noch bevor sie in den Hof trat, flüsterte ich: »Samira, schön, dass du da bist«, und nahm sie zärtlich an die Hand, um sie zum Sofa zu führen. Nadime folgte willig.

»Und jetzt?«, fragte ich hilflos.

»Alles, nur nicht schweigen. Du musst Samira etwas sagen, mit sanfter Stimme und schönen Worten.«

»Ja, genau«, stammelte ich. Mir war es peinlich, Nadime anzuschauen und sie als Samira anzureden.

»Du siehst gut aus, Samira. Welchen Film hast du zuletzt gesehen? War die Fahrt mit dem Taxi anstrengend?«

»Willst du sie auch noch nach dem Wetter und dem Dollarkurs fragen? Nein, nein, so geht das nicht! Du musst ihr ganz knapp sagen, was du für sie empfindest und wie du dich freust, dass sie gekommen ist. Und dann kannst du ihr was zum Trinken anbieten. Filme und andere Ablenkungen vergisst du erst mal. Okay? Sie zerstören die Atmosphäre.«

»Was? Ich soll ihr in deinem Haus etwas zu trinken anbieten? Das geht doch nicht. Fehlt nur noch, dass ich deinen Kühlschrank plündere«, protestierte ich.

»Natürlich darfst du mit Samira hier essen und trinken, mein Kleiner. Was sonst willst du ihr anbieten? Einen Rosenkranz, damit sie Hunger und Durst wegbetet? Nein, wenn du mich lieb hast, musst du Samira verwöhnen, damit sie wieder kommt. Der Kühlschrank ist voll, kümmere dich nicht wie ein Geizkragen um das Geld, sondern um Samira. Und nun bewirte mich, bitte schön, oder ich spiele nicht mehr Samira.«

Ich holte Limonade für sie und Wasser für mich aus

dem Kühlschrank. Sie trank, stellte das Glas zurück und fragte: »Und nun, was würdest du nun machen?«

Ich wusste keine Antwort.

»Deine Hand muss zu einem leichten, schüchternen Vogel werden, der sie immer wieder umschwärmt und sanft liebkost, ohne sie zu belästigen.«

»Ja ... genau«, sagte ich.

»Was heißt: ›ja, genau‹?«, empörte sie sich. »Zeig mir, wie du es machen willst.«

Ich nahm sie in den Arm und drückte sie an mich.

»He, he, Junge. Halt, ich krieg keine Luft mehr«, hörte ich sie röcheln. »Liebe soll leidenschaftlich sein, aber doch nicht tödlich.« Und dann zeigte sie mir, wie man einander zärtlich umarmt.

Ob du es glaubst oder nicht: Es waren harte Stunden der Übung und ich war am Ende richtig erschöpft. Nadime schien Vergnügen daran zu haben und war sehr geduldig mit mir. Wir wiederholten die Lektion in den nächsten Tagen bei jedem Besuch, bis ich wirklich verstanden hatte, was Liebe und Zärtlichkeit ist.

»Ab heute kannst du sie einladen«, sagte Nadime eines Nachmittags schließlich nach der Übungsstunde.

Ich hatte mit ihr inzwischen sogar meinen Ekel vor dem Küssen überwunden. Ich weiß nicht, ob meine Mutter mich je auf den Mund geküsst hat. Meine Geschwister küsste sie jedenfalls nie, auch ihre vielen Männer nicht, jedenfalls nicht, wenn ich dabei war.

Der erste Kuss, den ich auf den Mund bekommen habe, war eine Katastrophe. Ich war vielleicht neun oder zehn, als ihn mir eine Nachbarin aufzwang. Sie war die Frau des Schneiders, ein furchtbares Wesen, einsam und gelangweilt. Sie rief mich zu sich und ich war überrascht, als sie mir beim Betreten der Wohnung eine Praline gab. »Du bist ein schöner Junge«, sagte sie und streichelte mir die Wangen. Und noch bevor ich die Praline auch nur anknabbern konnte, hatte sie mich schon in ihren Armen. Die waren kräftig wie Zangen und mir war ganz unheimlich, denn ich wusste wirklich nicht, was als Nächstes geschehen würde. Sie schaute mich mit ihren wässrigen Augen an und sprach leise. Ihr Atem roch nach altem Fisch. Ich muss sie entsetzt angeschaut haben. Vor Schreck zerdrückte ich die Praline in meiner Hand.

»Keine Angst, Junge. Das macht den Männern Spaß«, hauchte sie mich an und gab mir einen Kuss. Aber was heißt: einen Kuss? Sie nahm mein Gesicht in ihre Krallen und drückte mir zwei mit Lippenstift verschmierte große Lippen auf den Mund. Und dann schob sich etwas Nasses, Wackliges zwischen meine Zähne. Es war rau und zuckte in meinem Mund. Ich dachte wirklich, sie hätte einen kleinen Fisch in ihrem Mund versteckt und wollte mit mir einen derben Spaß treiben. Und ich bekam fürchterliche Angst zu ersticken. Ich konnte meinen Mund auch nicht zumachen, sie hielt meine Kiefer mit ihren Krallen offen, so wie unser Zahnarzt.

Mit letzter Not und aller Kraft, die ich besaß, schob ich sie schließlich von mir und rannte ins Freie. Ich hör sie noch heute in meinen Träumen fluchen: »Neger! Dummer Neger! Du weißt ja nicht einmal, was Genuss ist!«

An einem Freitag – das weiß ich noch heute – kam dann endlich Samira zu Nadime und ich empfing sie so wunderbar, dass sie aus dem Staunen gar nicht herauskam.

»Du überraschst mich. So einen Kuss hat nur Gérard Depardieu mit Cathérine Deneuve in ›Die letzte Metro‹ fertig gebracht.«

Du kannst dir nicht vorstellen, wie dankbar ich Nadime war. Samira und ich lagen im lauschigen Innenhof, geschützt vor der ganzen Welt, und wir waren selig.

In jenem Augenblick empfand ich etwas, das ich danach nie wieder spürte. Etwas, das mich zu Tränen rührte und leicht machte.

Plötzlich wurde ich zwei. Der eine Lutfi war neben Samira und der andere ein Vogel im Zitronenbaum. Wir lagen halb nackt auf dem Sofa. Der eine Lutfi schaute Samira aus nächster Nähe an und der andere konnte zugleich von der Höhe aus sehen, wie sie schön und aufregend auf dem roten Sofa lag. Auch mich konnte ich sehen. Und ich erschrak nicht, als Samira mich küsste.

Nadime war später zufrieden mit meinem Bericht und empfahl mir, bei den nächsten Besuchen Samira noch etwas mehr zu verwöhnen. Sie hatte extra Süßigkeiten für uns gekauft, die wir aber bisher nicht angerührt hatten. Auch Kaffee sollte ich für Samira zum Abschied kochen und sie nicht überstürzt aus dem Haus schicken.

»Und die Hose bleibt an!«, mahnte sie mich abschließend. Ich lachte.

Hände aus Feuer

Nein, das ist kein Märchen. Salma war tatsächlich eine Prinzessin. Eine Prinzessin aus den fernen Bergen. Ihr Vater zwang sie, den König der Straßen zu heiraten. Der König war ein gefürchteter brutaler Herrscher, aber weder er noch die hohen Mauern seines Schlosses konnten die Prinzessin daran hindern zu träumen. Die Jahre machten Salma älter, aber ihr Traum verjüngte ihr Herz von Jahr zu Jahr. Eines Tages sah sie aus ihrem Fenster einen Prinzen und sie liebte ihn vom ersten Blick an. Sie warf ihm ihr kostbares seidenes Taschentuch zu. Der Prinz hob das kleine, duftige Tuch auf und schaute zu Salma hinauf; er sah ihre Schönheit und ihr liebreizendes Lächeln und er verliebte sich sofort in sie. Salma überlistete die Wächter und traf sich heimlich mit ihrem Geliebten. Sie blühte auf und wurde von Tag zu Tag jünger ...

Nein, es war kein Märchen. Märchen spielen in alten Zeiten und fernen exotischen Ländern und nicht im heutigen Damaskus.

Der Herbst in Damaskus ist vielleicht die schönste

Jahreszeit. Die Straßen beleben sich mit Straßenverkäufern, die die begehrten Herbstfrüchte anpreisen, vereinzelte Touristen bringen mehr Zeit mit als die gierigen vom Sommer, die unsere alte Stadt samt ihren Menschen in ein paar Stunden verschlingen wollen. Die Schwalben scheinen die letzten Freuden zu sammeln, bevor sie sich auf die lange Reise in den Süden machen. Sie füllen den Himmel mit ihren hellen Rufen. Es ist nicht mehr so heiß wie im August. Die ersten Boten des kalten Nordwindes erfrischen die ermatteten Gesichter der Stadtbewohner, vor allem der meines Viertels, die keine Möglichkeit haben, dem Sommer in die kühlen Berge zu entfliehen.

Im Herbst brauche ich auch meinem Vater nicht so oft in der Bäckerei zu helfen. Viele arbeitslos gewordene arme Bauern und Landarbeiter strömen nach der Erntezeit auf der Suche nach Arbeit in die Stadt. Mein Vater bekommt mehr Angebote von Arbeitern, als die Bäckerei braucht. Ich kann mich im Herbst auf die Schule konzentrieren und nach dem Unterricht gehört die Zeit mir allein.

Alles begann an einem Samstagnachmittag. Mir blieb noch etwas Zeit, denn um sieben Uhr hatten wir uns, Mahmud, Georg und ich, bei Jusef zum Kartenspiel verabredet. Ich stand vor der Haustür und amüsierte mich über den alten Taubenzüchter am Ende der Straße. Er stand auf dem Dach seines Hauses und versuchte, eine seiner Tauben vom benachbarten Dach herbeizulocken. Ein waghalsiges Unternehmen. Es dauerte schon eine Weile, aber der Mann setzte seine Verrenkungen unbeirrt fort. Die Taube schien jedoch an irgendetwas Anstoß genommen zu haben. Weder die Körner noch die freundlich lockenden Gesten konnten sie verführen. Sie rückte immer weiter weg.

Die Wäsche von Salma flatterte im Wind über der Terrasse. Die Straße war wie leer gefegt. Samstag ist Badetag. Die Kinder meiner Straße, die mit ihren Schreien an einem solchen Nachmittag die Rufe der Schwalben übertönen, müssen die Tortur der Kernseife und der Hautabschürferei durch die aus gnadenlosem Sisal gefertigten Handschuhe ertragen. Die Mütter rubbeln und schrubben, um ihre Augen an sauberen Söhnen und Töchtern – und sei es auch nur für ein paar Stunden – weiden zu können, aber am Sonntagnachmittag sehen die Kinder wieder so verschmutzt aus wie vor der wöchentlichen Quälerei. Das müsste sie ja eigentlich entmutigen, aber die Mütter unserer Straßen ziehen zum Schmerz der Kinder immer den falschen Schluss daraus. Sie blicken ihre abgekämpften und schmutzigen Kinder an und beschließen, am nächsten Samstag erst recht keine Milde mehr walten zu lassen.

Seit nunmehr sieben oder acht Jahren bade ich alleine, aber jeden Samstag höre ich die Hilferufe der Kinder aus den Küchen, wo sie gebadet werden, und mein Hals juckt in schmerzlicher Erinnerung.

Karabet, der Armenier, tauchte in der Ferne auf, taumelnd wie immer zog er seinen Hammel hinter sich her. Seit einem Jahr war der Gerber arbeitslos. Er hatte sich im Frühjahr ein Lamm gekauft und es zu einem prächtigen Hammel aufgezogen, den er jeden Tag zu den Wiesen in der Nähe führte, um ihn dort das saftige Gras genießen zu lassen. Karabet trank viel Schnaps und war oft betrunken, aber er tat keiner Seele etwas zuleide. Er lachte nur laut, aber das Lachen störte ja niemanden.

Seine Frau war eine fleißige Schneiderin, so brauchten sie sich vor der Armut nicht zu fürchten. Karabet pflegte seinen Hammel besser als sich selbst, jeden Tag wusch er ihn so liebevoll, dass die Kinder sich wünschten, ein Hammel in den Händen Karabets zu sein. Er kämmte ihn und schmückte seine Hörner mit Blumen und Glasperlen. Wenn einer ihn fragte, wie es seiner Familie gehe, antwortete er nur sehr knapp: »Nicht schlecht.« Aber erkundigte sich jemand nach seinem Hammel, so erzählte Karabet wie ein Wasserfall. Dann schien es, als sei der Hammel nicht ein ganz gewöhnliches Tier, sondern verstehe sich auf Tricks und lege seinen Besitzer rein. Ja, Karabet erzählte auch, dass der Hammel ganz genau wisse, wann er gut oder schlecht gelaunt sei. Merke das Tier, dass Karabet sehr traurig sei, so wolle er ihn nicht allein saufen lassen. Er saufe mit. Das alles vollzog sich aber nur in der Fantasie von Karabet, der einmal wirklich seinem Hammel Schnaps in den Rachen gegossen hatte, so dass das Tier besoffen wurde. Damals konnten sich beide kaum noch auf den Beinen halten und torkelten von einer Straßenseite zur anderen.

An jenem Samstag schien der Hammel stur zu sein. Er war nur darauf aus, die Kalkstellen der Häusermauern abzulecken. Karabet redete bittend auf ihn ein, aber der Hammel ließ sich nur ein paar Schritte weiterziehen und wandte sich dann wieder dem verlockenden Weiß der Kalkwand zu.

Als die beiden an mir vorbeigegangen waren, drehte ich mich zu dem Taubenzüchter um, um zu sehen, ob er seine Taube hatte einfangen können. Da sah ich, wie ein zartgelbes Badetuch von der Wäscheleine auf das Geländer heruntersegelte und von dort aus auf die Straße rutschte. Ich eilte über die Straße und nahm das nasse Tuch, um es Salma zurückzubringen. Die Tür ihres Hauses stand offen. Es war sehr klein, hatte aber wie alle Häuser in meiner Gasse einen Innenhof. Ein alter Orangenbaum wuchs dort bis zum Dach des ersten Stocks hoch. Der alte Blumenverkäufer Anwar lebte unten mit seiner blinden Frau. Salma und ihr Mann wohnten im ersten Stock.

Die blinde alte Frau saß wie jeden Nachmittag in ihrem großen, abgenutzten Schaukelstuhl. Sie bemerkte, dass ich den Hof betrat, und rief misstrauisch: »Wer ist da?«

Ich fragte aus Verlegenheit, wo Salma wohne. Ich wusste es jedoch genau. Wie oft schauten wir der lebenslustigen Salma zu, wenn sie die Wäsche auf ihrer Terrasse aufhängte. Sie war die schönste Frau der Straße. Wie oft hörten wir vergnügt zu, wenn sie mit den Straßenhändlern feilschte. Sie lehnte sich dann über das niedrige Geländer und lachte so verführerisch, dass die sonst so mürrischen Straßenhändler es auf einmal nicht mehr eilig hatten. Nur wenn ihr grobschlächtiger Mann mit ihr auf der Terrasse stand, fassten sich die Händler kurz.

»Tja, nicht einmal richtig Wäsche aufhängen kann sie, die Bauernschlampe. Oben wohnt sie«, krächzte die Alte. Ich stieg die kleine Treppe zum ersten Stock hinauf, zu einem mit Blumen geschmückten Gang, der um den Hof zu der Terrasse von Salmas Wohnung führte. Durch das Fenster sah ich, dass Salma weder im Wohnzimmer noch im Schlafzimmer war, wo ein breites Bett mit zwei Nachttischen stand.

Da hörte ich Salma in der Küche singen. Als ich mich

der Tür näherte, hörte ich es plätschern und wusste, dass Salma in der Küche badete. Wie die Mehrheit der Häuser hier hat auch Salmas Haus kein eigenes Badezimmer. Deshalb baden die Leute in der Küche. In einem großen Kessel wird das Wasser auf dem Herd gewärmt und dann sitzt man auf einem Hocker und wäscht sich. Einige Familien haben sogar eine blecherne Badewanne, die sie mitten in der Küche aufstellen und in der sie sich bequem im warmen Wasser aalen können. Wenn sie fertig sind, wird die Wanne wieder in die Rumpelkammer gestellt. So eine Wanne ist ein richtiger Luxus! Wir besaßen keine.

Ich klopfte an die Tür. Mein Herz schlug heftig, aber Salma sang weiter, als hörte sie mein Klopfen nicht. Ich machte vorsichtig die Tür einen Spalt auf. Nackt saß Salma in der großen Badewanne. Sie schaute mich erstaunt an. Sie schrie nicht, wie unsere Nachbarin Afifa gekreischt hatte, als ich sie vor Jahren beim Baden überraschte. Ich sollte damals bei ihr nur einige Teller ausleihen, da wir Gäste hatten und unsere nicht ausreichten. Als Afifa mich entdeckte, schrie sie wie am Spieß, als hätte ich sie vergewaltigen wollen. Ich sagte ihr verwirrt, dass wir einige Teller brauchten, aber sie hörte nicht auf zu kreischen. Da schlug ich die Tür zu und rannte fluchend zu meiner Mutter. Ich verwünschte Afifa und die Gäste und meine Mutter lachten vergnügt über meine Angst.

»Hej, Afifa!«, rief sie kichernd. »Er wollte nicht dich, sondern deine Tochter!«

Ich fand das damals gar nicht lustig. Meine ältere Schwester ging dann die Teller holen, aber Afifa verfolgte mich noch Jahre danach mit der Frage:

»Na! Willst du meine Schönste? Du bist schon ein Mann. Schau doch mal im Spiegel deinen Schnurrbart an.«

Ihre Schönste war mir völlig gleichgültig. Ich wollte nur meine Ruhe.

Nein, Salma schrie nicht. Sie lächelte und legte den Schwamm auf den Boden. Ich blieb mit offenem Mund an der Türschwelle stehen, murmelte irgendwelche Wortfetzen, die ich selbst nicht verstand, als Entschuldigung, dabei streckte ich ihr das nasse Handtuch entgegen.

»Komm rein und mach die Tür zu. Es zieht!«, sagte sie leise und kreuzte die Arme über ihrer Brust. Ich trat ein und legte den nassen Klumpen auf einen kleinen Tisch hinter der Tür. Salma war noch viel schöner, als ich je gedacht hatte. Dass sie nackt hier saß und mir zulächelte, war für mich unfassbar. Ich streifte mit meinem Blick die Regale, um zu vermeiden, sie noch weiter anzustarren, dann drehte ich mich um und wollte gehen.

»Kannst du mir den Rücken einseifen?«, schmeichelte Salma, und ich traute meinen Ohren nicht.

»Och … doch …«, stotterte ich, als hätte der Mathelehrer mich aufgefordert aus dem Stegreif die Wurzel von dreizehn zu ziehen. Ich blieb stehen und verfluchte meine Feigheit. Wie mutig war ich neulich mit Mahmud zusammen gewesen, als wir eine badende Nachbarin beäugten. Wir waren über eine hohe Mauer balanciert, bis wir an einer Stelle stehen blieben, von wo wir im Dunkeln den nackten Oberkörper der Badenden sehen konnten. Ein Ausrutscher hätte genügt und wir wären zehn Meter in die Tiefe gestürzt.

Ich fiel hinter Salma auf meine zitternden Knie, nahm

Schwamm und Kernseife und fing an, ihre glatte, schimmernde Haut einzuseifen. Das kitzelte sie und sie lachte vergnügt. Ihr Lachen ermutigte mich, und ich kitzelte sie unter den Achseln. Ihr graziler Rücken wurde rot durch mein Kneten und Massieren und mir wurde heiß. Ich wünschte, ich könnte meine Kleider ausziehen und mich zu ihr in die Wanne legen. Langsam goss ich ihr warmes Wasser über den Rücken, und Salma stöhnte voller Wonne, als es langsam herunterrieselte. Ich küsste sie am Hals. Sie wurde still. Ich dachte, dass ich sie mit meinem Vorwitz gekränkt hätte. Mahmud hatte mir von einer Frau erzählt, die immer lieb zu ihm gewesen war. Er kaufte oft für sie ein, und sie beschwerte sich ständig über ihren unfähigen, lieblosen Mann. Als er sie dann küsste, schrie ihn die Frau an, er hätte das falsch verstanden. Sie sei nicht eine von denen, die sich einfach von jedem küssen lassen.

»Es war nicht so gemeint«, sagte ich bang, um die schwere Stille zu unterbrechen.

»Hör auf zu reden«, flüsterte sie und lehnte sich zurück. Ich küsste sie noch einmal am Hals, gleich unter ihrem Ohr. Salma drehte sich um, nahm mein Gesicht in ihre Hände und küsste mich auf die Lippen. Ich rutschte auf den Knien an ihre Seite, nahm sie in die Arme und küsste sie lange ...

Plötzlich krachte es draußen furchtbar. Ich fuhr zusammen. »Dein Mann!«, rief ich entsetzt und machte einen Satz zur Tür. Salma lachte fröhlich auf.

»Nein, er kommt heute nicht. Er ist für drei Tage nach Aleppo gefahren.« Sie streckte mir ihre Arme entgegen.

»Komm her. Das ist nur die Dachrinne, sie schlägt bei

starkem Wind gegen die Mauer. Komm zu mir«, lockte sie.

Es war das erste Mal, dass ich eine Frau so lange auf den Mund geküsst hatte. Es war ein tolles Gefühl, doch meine Knie machten sich schmerzhaft bemerkbar.

Salma stand auf. Sie trocknete sich mit einem großen weißen Badetuch ab und schaute mich immer wieder lächelnd an, als ob mein gieriger Blick sie überhaupt nicht störte.

»Bleib hier, bis ich die Vorhänge heruntergelassen habe. Es ist bald dunkel, und du kannst bei mir bleiben, bis deine Kleider trocken sind.«

Sie kippte das Wasser der Wanne in den Abfluss, zog ein dünnes buntes Kleid an, umwickelte ihren Kopf mit einem Badetuch und eilte hinaus. Erst jetzt spürte ich, dass ich bis auf die Haut durchnässt war, aber ich zitterte mehr aus Angst als wegen der Kälte.

»Na, hast du dein Tuch von dem jungen Mann bekommen?«, krächzte die alte Frau vom Hof, als sie Salmas Schritte vernahm.

»Ja, ja«, antwortete Salma und ging ins Schlafzimmer.

»Und ist er schon weg?«, wollte die Frau wissen, als Salma wieder aus dem Zimmer kam.

»Ja, er ist schon weg. Ein braves Kind ist er. Wer bringt heute noch Gefundenes zurück?«, erwiderte sie.

»Na ja, meine Ohren sind auch nicht mehr wie früher, ich habe gar nicht gemerkt, dass er wegging.«

Die alte Hexe, dachte ich, hat sie das nun ehrlich gemeint oder stichelt sie?

»Zieh deine Schuhe aus, die Alte ist misstrauisch. Ich begleite dich«, sagte Salma, als sie in die Küche kam.

»Bist du es, Salma?«, fragte die Nachbarin wieder, als wir auf das Zimmer zugingen.

Ich hatte aus Versehen einen Blumentopf umgestoßen.

Salma stellte den Topf wieder auf und bejahte genervt die Frage der alten Frau. Ich blieb im Schlafzimmer allein, und Salma holte das nasse Handtuch aus der Küche, um es auf der Terrasse aufzuhängen. Dabei bückte sie sich über das Geländer und unterhielt sich mit irgendeiner Nachbarin, die ich von meinem Platz aus nicht sehen konnte. Sie schien Zeit zu haben, denn immer, wenn ich dachte, das Gespräch wäre zu Ende, lehnte sie sich wieder an das Geländer und sprach und lachte weiter mit der Nachbarin.

Ich überlegte mir, wie ich sie in die Arme nehmen würde, wenn sie zurück in das Zimmer kam. Ich hatte genug Liebesfilme gesehen, aber in keinem dieser Filme stand der Held in nassen Kleidern und barfuß im Schlafzimmer seiner Geliebten, wo ein Bild des breitschultrigen Ehemannes und ein Bild der heiligen Maria drohend auf ihn herabblickten.

Salma kam zurück, und ich stand da, nass und schwer und unfähig, mich zu bewegen.

»Zieh dich aus und häng deine Klamotten auf die Stuhllehne, sonst werden sie nie trocken«, flüsterte sie und küsste mich auf die Nase.

»Was ist, wenn dein Mann doch kommt?«

»Er kommt nicht, und wenn, dann prügelt er dich, ob du nun in den nassen Kleidern steckst oder nackt bist. Jetzt zieh dich endlich aus.«

Diesen einfachen Satz hatte ich bis zu jenem Samstag noch nie von einer Frau gehört. In den Filmen oder den

Sexwitzen ergriffen immer die Männer die Initiative und zogen die Frauen aus.

»Du bist ein schöner Junge«, schmeichelte Salma im Bett. »Deine Nase könnte etwas kleiner sein, deine Augen etwas größer, aber du bist trotzdem der schönste Mann der Welt!«, flüsterte sie und drückte mich an ihre schöne warme Brust.

»Du bist auch schön. Wenn dein Lästermaul etwas kleiner wäre, wärst du die schönste Frau der Welt«, sagte ich und kitzelte sie, und wir wälzten uns balgend auf dem breiten Bett. Es waren die wildesten Stunden meines Lebens. Unersättlich waren wir beide, als hätten wir viele Jahre lang aufeinander gewartet.

»Ich habe noch keine Hände so wie deine genossen«, murmelte sie nach dem letzten Liebesspiel. »Noch nie hat mich jemand so zärtlich berührt wie du. Meine Mutter starb bei meiner Geburt, und seitdem bist du der Erste, der mich streichelt.«

»Und dein Mann?«

»Seine Hände sind aus Feuer. Sie verbrennen mich. Schau mich an. Es gibt keine Stelle an meinem Körper, die er mit seinen Händen nicht verbrannt hat.«

Sie nahm meine rechte Hand und drückte sie an ihre Wangen. »Spürst du das Feuer?«

Ich nickte.

Aleppo, die große Stadt im Norden, gewann langsam meine Zuneigung. Ich kenne die Stadt überhaupt nicht, aber immer, wenn der Mann von Salma nach Aleppo fuhr, schlich ich zu ihr. Als Salma mich beim ersten Treffen nach meinem Alter gefragt hatte, hatte ich sie angelogen. Ich sagte: »Achtzehn!«, obwohl ich gerade erst sechzehn geworden war. Sie war sechsunddreißig Jahre alt.

»Achtzehn Jahre Unterschied«, staunte sie beim zweiten Treffen plötzlich, als hätte sie unser Alter beschäftigt.

»Bei jedem Treffen werde ich ein Jahr älter und du ein Jahr jünger«, sagte ich zu ihr, um mein Unbehagen zu überwinden. Ich hatte den Altersunterschied vergessen, denn Salma war so lustig und voller Träume wie ein junges Mädchen. Sie vergaß ihn aber nicht. Eines Abends meinte sie:

»Jetzt sind wir beide siebenundzwanzig. Ab heute wirst du älter, aber auch wenn du achtzig Jahre alt wirst, werde ich dich lieben!«

Irgendetwas hatte sich in mir verändert. Meine Schwestern behaupteten, ich sei sehr lieb geworden. Meine Schwester Nadia fragte gar, ob ich verliebt sei. Ich habe natürlich alles abgestritten.

Meiner Mutter konnte ich es aber nicht verheimlichen. Sie ist viel zu schlau, um sich mit Erfolgen in der Schule und im Kartenspiel abspeisen zu lassen. Sie wollte die Ursache für meine Heiterkeit genau wissen und nach dem dritten Kaffee habe ich ihr alles erzählt. Sie streichelte mir den Kopf und flüsterte:

»Pass gut auf dich auf. Ihr Mann wird dir den Hals umdrehen, wenn er dich erwischt.«

Mahmud meckerte, weil ich kaum noch zum Kartenspielen kam und zu seinem Verdruss auch nur wenige dreckige Witze erzählte. Aber auch ihm konnte ich nichts verraten.

»Liebst du mich?«, fragte Salma eines Abends.

»Natürlich liebe ich dich.«

»Dann nimm mich mit zu den Lokalen, wo Verliebte sich treffen.«

Ich hatte schon von solchen Lokalen gehört, aber ich war noch nie dort gewesen.

»Sag bloß, du weißt nicht, was ich meine«, neckte sie mich, da ich schwieg.

»Ich? Klar weiß ich das. Wann willst du hingehen?«

»Übermorgen, Sonntag. Ich sage meinem Mann, dass ich meine Tante in der neuen Stadt besuchen will. Er kann sie nicht leiden, deshalb lässt er mich allein zu ihr gehen.«

»Na gut! Dann am Sonntag«, stimmte ich zu.

Wenn man das Thomastor durchschreitet, endet das alte Viertel, wo wir wohnten. Von hier aus erstreckt sich das neue Damaskus der Gärten, besseren Häuser und Lokale. Als lebten zwei fremde Völker nebeneinander, deren Verbindung die Straßenverkäufer waren. Ich nannte einmal das Thomastor »den Eingang nach Paris«. Ich wusste zwar nicht, wie Paris aussieht, aber ich wusste genau, dass die Leute in dem neuen Viertel besser lebten als wir.

Saubere Alleen, Kinos, Theater und Lokale mit bunten Lichtern gibt es nur in der neuen Stadt. In unserem Viertel lebt eine halbe Million Menschen, aber wir haben kein einziges Theater und kein einziges Lokal mit bunten Lichtern. Der Rundfunk plärrt Tag und Nacht vom Sozialismus und kein Kind meiner Straße glaubt die Sprüche von der Gerechtigkeit.

Ich machte mich am nächsten Tag auf den Weg, um die Lokale zu erkunden und eine Blamage vor Salma zu vermeiden. Mit dem Bus zu fahren ist in Damaskus eine Kunst. Wir nennen die Fahrt deshalb »reiten und zugleich geritten werden für einen Piaster«. Die Straßen sind oft sehr schlecht, und so holpert der Bus über den welligen Boden, als wollte die Regierung uns ständig daran erinnern, dass wir ursprünglich ein Reitervolk gewesen sind. Nur selten findet man einen freien Sitz. An die hundert Fahrgäste pferchen sich in Busse, deren Konstrukteure höchstens an fünfzig gedacht hatten. Der Fahrgast reitet auf dem Vordermann und wird vom Mitfahrenden hinter sich geritten, so dass die Sardinen in ihren Dosen Mitleid mit den Fahrgästen haben würden.

Der Schaffner ist ein bewundernswürdiger Athlet. Er schlängelt sich, boxt und schwimmt vom vorderen Busteil nach hinten und zurück. Ohne Rast sammelt er die Piaster und stöhnt: »Fertig! Los!«, sobald der Bus an einer Haltestelle ankommt. Er vergewissert sich nicht, ob alle Wartenden an der Haltestelle eingestiegen sind. Wie könnte er es auch im Gewühl der aussteigenden, einsteigenden und weiterfahrenden Fahrgäste wissen.

Durchgerüttelt von der halbstündigen Fahrt, stieg ich am Platz der sieben Brunnen aus. Die Lokale im neuen Stadtviertel haben meistens europäische Namen. Ich lungerte ratlos eine Weile herum, dann entschloss ich mich, in das Lokal »Vienna« zu gehen. Eine Treppe führte in das Untergeschoss. Ich war überrascht, als ich die Tür aufmachte, denn es bot sich das Bild einer Konditorei. Bald kam jedoch ein Pärchen aus einer seitlichen Tür heraus, der dunkle Raum dahinter war das eigentliche Lokal. Die Sache mit dem Eintrittspreis erwies sich als Ammenmärchen. Die Tür stand für jeden offen. Das rote gedämpfte Licht machte es mir schwer, den Raum genau zu erkennen, aber nach kurzer Suche fand ich einen freien Tisch. Ich setzte mich und beobachtete den länglichen Raum, in dessen Mitte ein Gang zwei Tischreihen trennte. Jeder Tisch war von dem nächsten durch eine billige spanische Wand abgeschirmt: Ein Pärchen hinter mir stritt über den Hochzeitstermin. Mir schien es, dass die Frau es aus irgendeinem Grund eilig hatte, während der Mann nicht so richtig wollte. Das Pärchen vor mir war ruhiger. Ich hörte nur unverständliches Flüstern.

»Bitte schön«, fragte der Kellner mich barsch.

»Einen Tee, bitte«, sagte ich leise.

»Keinen Kuchen?«

»Ja, doch, ein Stück Sahnetorte«, stotterte ich unsicher.

Ich beneidete die Bewohner dieses Viertels, die, sooft sie wollten, in solchen Lokalen sitzen und sich ungestört umarmen konnten und nicht zu warten brauchten, bis der Ehemann nach Aleppo fuhr. Als ich vier Lira für den lauwarmen Tee und die fade schmeckende Sahnetorte bezahlen musste, schmolz mein Neid zusammen. Für einen Piaster kann ich bei uns im Café den besten Ceylon trinken und für eine einzige Lira bekomme ich die leckerste Pistazienrolle.

Den Verlust meiner ganzen Ersparnisse verfluchend, eilte ich nach Hause.

Meine Mutter bemerkte als Erste meine Unruhe am Sonntag. Sie nahm mich beiseite und steckte mir zwei Lira zu. Verlegen lehnte ich ab, weil ich wusste, wie mühselig sie diese Lira Piaster für Piaster gespart hatte. Aber sie war stur.

»Nimm es. Du sollst Salma verwöhnen können.«

Ich wartete noch einen Augenblick an der Tür, dann folgte ich Salma zur Haltestelle. Ich stand ein Stück von ihr entfernt und wagte sie kaum anzusehen, aber sie schaute immer wieder zu mir herüber und lächelte. Sie sah in ihrem bunten Kleid wunderschön aus. Ziemlich mutig fand ich sie. »Kein Wunder«, dachte ich, »bei einem Mädchen von dreizehn.« Ich war am Freitag, bei unserem letzten Treffen, ein alter Knacker mit einundvierzig Jahren auf dem Buckel geworden.

Als der Bus kam, stieg ich durch die hintere Tür, während Salma durch die vordere einstieg. Sie fand sofort einen Platz, während ich die ganze Fahrt geritten wurde. Aber Männer lassen den Frauen die Sitze oft nicht aus Höflichkeit, sondern aus Verachtung, weil sie die Frauen für zu schwach halten. An der Haltestelle neben dem Lokal »Vienna« stiegen wir aus. Ich ging die Treppe hinunter und Salma folgte nach ein paar Minuten.

»Ich hielt dich für einen harmlosen Jungen, aber du bist ein gerissener Fuchs. Wie oft warst du schon hier?«, waren ihre ersten Worte.

»Oft, aber darüber redet man nicht«, protzte ich leise, da ich Angst hatte, der mufflige Kellner in meiner Nähe würde mich hören und mich verpetzen: »Von wegen oft! Rote Ohren hat der Depp noch gestern bekommen. Er saß allein da wie ein Kaktus in der Wüste. Als ich ihm die Rechnung brachte, wurde er blass und zählte fünf Minuten lang seine Piaster.«

»Sag! Liebst du eine andere?« Der Ernst in Salmas Stimme überraschte mich. Ich versicherte ihr, dass ich nur sie liebe. Das war auch die Wahrheit. Der Kellner war höflich und Salma bestellte einen Kuchen und einen Kaffee. Ich begnügte mich mit Orangensaft. Wir redeten lange und zwischendurch küssten wir uns und lachten. Salma bestellte noch ein Eis und einen Kaffee. Ich wollte sie bitten, mit den Bestellungen aufzuhören, da mein Geld nicht mehr ausreichte, aber sie war schneller.

»Du bist heute mein Gast. Bestell dir was Anständiges anstatt dieser scheußlichen Brühe.«

»Sie ist doch nicht scheußlich!«

»Warum nippst du dann so daran, als wäre sie bittere Medizin?«

»Ich wollte langsam trinken, damit ich nicht noch mal bestellen muss«, erklärte ich ihr und wunderte mich über meine Offenheit, denn über Geldprobleme hatte ich nicht einmal mit meiner Mutter gesprochen. Nie, und wenn ich wochenlang kein Geld hatte, sagte ich irgendjemandem etwas über die Ebbe in meinem Geldbeutel. Ich erfand die unmöglichsten Sachen, um nicht mit den Jungen ins Kino gehen oder Kuchen kaufen zu müssen. Warum ich Salma gegenüber so offen war, weiß ich bis heute nicht.

Salma gab mir ihr Portemonnaie. Es waren mehrere Hundertlirascheine und einige kleinere Scheine darin.

»So viel Geld hast du«, wunderte ich mich.

»An Geld fehlt es mir nicht. Er zahlt gut für die Verbrennungen. Nimm dir, so viel du willst«, sagte sie leise. Wütend lehnte ich ihr Angebot ab. Aber sie hatte es nur gut gemeint, und so versöhnten wir uns wieder, und ich nahm ihre Einladung zum Eis an. Seitdem hat sie mir nie wieder Geld angeboten.

»So etwas hast du in deinem ganzen Leben noch nicht gesehen«, erzählte mir Mahmud an einem Nachmittag. Wir standen an seiner Haustür. Ein Geschirrverkäufer hatte Mühe, mitten in einer Traube von aufgeregt schnatternden Frauen die Kinder davon abzuhalten, seine Gläser, Teller und Tassen immer wieder anzufassen. Er rief seine Preise laut aus und schlug mit einem dünnen Zweig auf die Finger der ewig neugierigen Kinder. Salma gesellte sich zu den Frauen und musterte die Gläser. »Es war spät am Nachmittag«, setzte Mahmud seine Geschichte fort, »mein Federball ist auf der Terrasse von Salma hängen geblieben. Ich ging in den Hof. Die Alte vom Blumenverkäufer war nicht zu sehen. Da stieg ich leise die Treppe hoch. Es war ziemlich dunkel. Plötzlich hörte ich Schreie. Es war Salma. Ich dachte, ihr Mann schlägt sie. Ich schlich auf Zehenspitzen weiter, und da habe ich diesen Bär von Mann gesehen, der auf ihr lag und sie anbrüllte: ›Du wirst schwanger oder du wirst sterben‹, und dabei auf sie einschlug. Glaubst du das? Geschlagen hat er sie und sie hat nackt unter ihm gelegen und geweint. Dann hat er wie ein Stier gebrüllt und ist auf die Toilette gegangen. Ich bin dann abgehauen und hab den Federball liegen gelassen.«

»Erzähl mir ein Märchen«, sagte Salma eines Abends. Ich hatte immer gerne zugehört, wenn Märchen erzählt wurden, aber noch nie selbst eines erzählt.

»Ich erzähle dir einen Krimi«, bot ich ihr an. Aber sie winkte ab.

»Krimis gibt es genug im Kino und im Fernsehen. Ein Märchen sollst du mir erzählen. Du bist doch jetzt alt genug«, sagte sie verschmitzt, aber es wollte mir nichts einfallen, so viel ich auch überlegte.

»Nein, nicht diese alten, die wir beide kennen, ein neues Märchen will ich hören«, sagte Salma. Wir schwiegen eine Weile, dann richtete sie sich im Bett auf.

»Komm, wir erzählen gemeinsam ein Märchen. Jeder

erzählt einen Teil. Ich fange an, dann machst du weiter, dann wieder ich. Und keiner weiß, was der andere erzählen wird.« Ich stimmte zu, da mir die Idee lustig erschien. »Es gab einmal eine Frau, die in einer alten Straße wohnte. Sie war verheiratet und unglücklich, denn ihr Vater hatte sie einfach dem ersten Mann gegeben, der ihn nach ihr fragte. Ihr Vater hatte ihr nie verraten, dass sie eine Prinzessin war, die bei ihm, dem Bauern in den Bergen, aufwuchs, weil ihre Stiefmutter sie umbringen wollte und die Zofen Mitleid mit der jungen Prinzessin hatten und sie zu dem Bauern brachten. So zog die Prinzessin von den fernen Bergen, wo die Wolken sich ausruhen, in diese alte Stadt. Sie wartete von Tag zu Tag auf die Rettung, denn sie wusste, dass eines Tages ein Prinz kommen und sie aus dem Gefängnis befreien würde. Aber von Jahr zu Jahr wurde sie älter und der Prinz kam nicht.

Eines Tages dann sah die Prinzessin einen jungen Prinzen, der auch nicht wusste, dass er einer war, denn er wuchs bei einem Bäcker auf und dachte, er sei nur ein ganz gewöhnlicher Schüler.« Salma lächelte und legte ihre Hand auf mein Bein.

»Jetzt bist du dran«, forderte sie mich auf und schloss die Augen.

»Dieser Schüler lebte in der Nähe des Zauberschlosses, in das die Prinzessin eines Tages entführt wurde. Das Zauberschloss sah wie ein kleines Haus aus, aber es war in Wirklichkeit ein Schloss mit hohen unsichtbaren Mauern. Zwei Reihen von Wächtern umzingelten es und ließen nicht einmal eine Ameise vorbeigehen. Sie hatten Augen wie Luchse und Ohren wie Fledermäuse, aber die Prinzessin konnte die Wächter überlisten und ihren Geliebten heimlich treffen. Der Prinz hatte sich schon mit dem ersten Blick in sie verliebt, und so schlich er durch einen geheimen Gang, den nur die Prinzessin kannte, und erlebte mit ihr die schönsten Stunden seines Lebens. Sie konnten sich immer treffen, wenn ihr Gemahl, der König der Straße, seinen Freund, den König von Aleppo, besuchte ...«

Ich wusste nicht mehr weiter, aber das hat Salma nicht gestört. Über Monate hinweg erzählten wir abwechselnd das Märchen. Drachen, Hexen und Wunderlampen fehlten nicht im Kampf, den beide gegen ihre Feinde führten. Nach dem Liebesspiel, das uns immer wieder genauso erfüllte wie beim ersten Mal, hockten wir im Bett und erzählten ...

Eines Abends kam ich zum Schluss, dass beide aus dem Schloss geflohen waren und in einer anderen Stadt als gewöhnliche Menschen lebten. »Sie bekamen Kinder und lebten glücklich bis zum Ende ihres Lebens.«

Ich küsste Salma, lachte und fragte sie, ob wir mit einem neuen Märchen anfangen sollten.

»Nein, ich will das Märchen, das wir beide erzählten, mit dir erleben.«

Ich dachte zuerst, dass sie scherzte, und sagte ihr, dass wir doch keine Märchen erleben können.

»Und warum nicht?«, fragte sie ernst.

»Was heißt hier ›warum‹? Wir müssen auf dem Boden bleiben, keine fliegenden Teppiche und keine Hexen können uns helfen. Du hast einen Mann und ich gehe noch in die Schule.«

»Ich liebe dich aber.«

»Ich dich auch, aber was hat das mit dem Märchen zu tun?«, fragte ich zornig.

»Sehr viel. Seitdem ich dich liebe, kann ich das Leben mit meinem Mann nicht mehr ertragen. Seine Schläge schmerzen mehr und ich will nicht weiter verbrannt werden.«

Salma weinte bitterlich.

»Salma, nun sei doch vernünftig. Hör doch zu, das geht doch nicht. Ich bin doch noch in der Schule.«

»Zum Teufel mit deiner blöden Schule. Ich sage dir, ich kann nicht mehr mit ihm leben, und du redest von der Schule.« Salma schlug sich die Hände vors Gesicht und ich hatte fürchterliche Angst.

»Bitte beruhige dich und lass uns überlegen.«

»Du liebst mich nicht. Es ist wahr, ich weiß es jetzt, du liebst mich nicht.«

»Doch!«, beteuerte ich und fing auch an zu heulen, denn ich wusste nicht, was ich ihr sagen sollte.

»Es gibt nichts zu überlegen. Wenn du mich liebst, hole deinen Koffer und komm! Wir hauen ab und ich werde dich mein ganzes Leben lang glücklich machen.«

Salma war auf einmal ruhig, sie stand auf, wischte die Tränen aus ihren Augen und ging zum Bild der heiligen Maria. Dort blieb sie wortlos stehen, während ich mich eilig anzog.

»Siehst du? Das war kein Spiel mit dem Alt-und-jung-Werden. Du bist wirklich alt geworden«, sagte sie zu mir beim Abschied und lächelte traurig. Ich zwang mich dazu, sie auch anzulächeln.

»Beim nächsten Treffen wirst du um ein Jahr älter und ich jünger«, flüsterte ich erleichtert.

»Ein Treffen gibt es nur, wenn du deinen Koffer mitbringst«, sagte sie noch auf der dunklen Treppe zu mir. Ich war froh, dass der Abend nichts Schlimmeres gebracht hatte, und eilte im Schutz der Dunkelheit nach Hause. Ist sie verrückt geworden oder bin ich zu feige? Warum nicht weglaufen? Wo soll ich als Jugendlicher Arbeit finden, wenn selbst die Erwachsenen in die Golfstaaten gehen, um wie die Sklaven zu arbeiten, damit ihre Familien in Syrien überleben? Die ganze Nacht wälzte ich mich im Bett, und immer, wenn ich entscheiden wollte, zehrte die Angst an meinem Mut.

Tag für Tag wurde Salma abweisender. Sie sah blass aus, stand nicht mehr am Geländer und schäkerte auch nicht mehr mit den Händlern. Ich sah sie kaum noch lachen.

An einem Nachmittag erfuhr ich, dass ihr Mann wieder nach Aleppo fahren wollte. Ich war gerade beim Lebensmittelhändler, als er hereinkam, um Zigaretten, Tee und Kaffee zu kaufen. Ich war gespannt auf den Augenblick, und als ich sah, dass er das Haus verließ, wartete ich, bis es dunkel wurde, und ging zu Salma. Ich war überrascht, dass Salma allein im Hof saß und die Nachbarn verreist waren.

»Komm, lass uns zu dir gehen«, bat ich sie. Sie schaute mich an und weinte.

»Geh weg, ich will dich nicht mehr sehen. Er hat mich wieder vergewaltigt. Geh jetzt endlich!«

»Salma, lass mich nur kurz zu dir. Ich will dir alles erklären!«, bettelte ich.

»Geh zum Teufel mit deiner Erklärung. Geh!«, schrie sie laut und verzweifelt, als ich meine Hand auf ihre Schulter legte.

Nach ein paar Tagen kam der Mann zurück. Er fragte bei den Nachbarn nach seiner Frau, aber keiner wusste, wo sie war. Salma war weggegangen, für immer. Sie hatte weder Schmuck noch Geld mitgenommen. Nur einen Koffer.

Und jedes Mal, wenn ich Aleppo höre, hasse ich meine Feigheit.

Der erste Kuss nach drei Jahren

Der Beruf des Barkeepers ist kompliziert und nur wenige wissen das. Bier zapfen, Wein und Schnaps einschenken sind nur mechanische Handlungen, die jeder in kürzester Zeit lernen kann. Das ist aber noch lange nicht barkeepen. Es mag übertrieben sein, den Barkeeper als Reparaturwerkstatt für gescheiterte Beziehungen und Ärger im Beruf anzusehen, aber ein guter Barkeeper ist sehr wohl ein teilnehmender Beobachter. Im Gegensatz zu seinen Kollegen unter den Soziologen, Ethnologen und Psychologen hat er jedoch keinen Nutzen von seinen Beobachtungen. Wer wie ich drei Jahre lang sein Brot als Barkeeper in einer linken Kneipe verdient hat, weiß, dass unter dem Strich der Erfahrung eine vernebelte große Null bleibt.

Wer heiße Dinge an der Theke erwartet und gar davon berichtet, hat entweder noch keine Kneipe von innen gesehen oder eine ausufernde Fantasie. Die Abende in den deutschen Kneipen laufen in der Regel langweiliger ab als das Familienleben in diesem Land. Und doch gab es einen Abend in meiner Kneipe, an dem es wenig Kunden, aber viel Kurioses gab.

Es war ein eiskalter Dienstagabend im Februar 1975. Ahmad, ein verrückter Syrer, tauchte wie jeden Abend gegen acht Uhr auf. Er hatte immer ein Bier frei bei mir, und wenn er zahlen konnte, bestellte er sich ein zweites. Selten unterhielt er sich, er trank langsam und bedächtig, und wenn sein Glas leer war, nahm er seine Baskenmütze und ging. Abend für Abend.

Nicht jedoch an jenem Dienstag. Sichtlich nervös trank er sein erstes Bier, zählte sorgfältig seine Groschen auf die Theke und bestellte laut ein zweites.

»Wie geht's?«, fragte ich auf Arabisch.

»Guuuuuut«, antwortete er auf Deutsch, und ich ahnte, dass er das den anwesenden Deutschen mitteilen wollte. Er lachte dämonisch und fragte: »Und weißt du, warum?«

Noch bevor ich seine Frage verneinen konnte, fuhr er fort: »Ich habe ein Honolulukomitee gegründet!«

Das rief er so laut, dass sein bärtiger Nachbar sichtlich aufschrak. »Was für 'n Ding?«

»Ein Honolulukomitee!«, wiederholte Ahmad. »Für Persien gibt's drei, für Palästina fünf; es gibt welche für Vietnam, Kambodscha, Gefangene und Frauen, Schwule und Frieden, Südafrika und Lateinamerika, aber noch keines für Honolulu. Gibt's in Honolulu keine Klassenkämpfe, Frauen und Schwulen?«

Der Bärtige fragte allen Ernstes, welche politische Gruppe das Komitee tragen solle, und er erfuhr, dass Ahmad der Gründer und einziges Mitglied sei und dass er keine Mitglieder aufnehme, sondern noch andere Komitees alleine gründen wolle.

»Jeder Mensch sollte ein Komitee für alle Länder gründen«, schmetterte er dem verwirrten Linken mit dem großen Bart entgegen. Lange noch stritten die beiden, weil der Bärtige nicht verstehen konnte, warum ein Araber ausgerechnet Honolulu so wichtig fand.

Ich hatte zu tun und verfolgte die erregte Diskussion nicht weiter, aber plötzlich sprangen zwei Studenten auf, um die beiden Kampfhähne zu trennen. Ahmad soll den deutschen Linken, der in einem Palästinakomitee mitmachte, Antisemit geschimpft haben. Das verschmitzte Lächeln der Gäste, die die Auseinandersetzung belustigt verfolgt hatten, schmolz dahin, und eisige Stille trat ein.

»Salam, Bruder!«, rief Ahmad beim Hinausgehen auf Arabisch, als wolle er betonen, dass er sich kein Wiedersehen mit den anderen wünschte.

Kaum hatte Ahmad die Kneipe verlassen, trat Carlo ein. Ein erleichtertes »Hallo!« schlug ihm entgegen. Die Linken in meiner Kneipe amüsierten sich über sein Temperament und stachelten ihn noch mehr auf. Ich hatte oft Mitleid mit Karl-Heinz, und ich war der Einzige, der ihn so nannte. Er sah eher wie ein Afroaraber aus, obwohl er aus dem tiefsten Schwaben stammte. Wegen seines Aussehens hatte er Probleme bei der Zimmer- und Arbeitssuche. Die Leute bewunderten, dass er »verdammt gut deutsch« sprach, und gaben ihm kein Zimmer und die dreckigste Arbeit. Ich spürte seine Einsamkeit, wenn er betrunken als Letzter die Kneipe verließ. Den Jubel der Linken um ihn empfand ich wie den gaffender Zuschauer im Zirkus.

An jenem merkwürdigen Dienstagabend aber war er wie verwandelt, frisch rasiert schenkte er den grölenden Typen an den drei Tischen keinen müden Blick. »Pils«, sagte er leise und gab mir die Hand. Zwischen ihm und seinem bärtigen Nachbarn blieb ein Stuhl frei. So setzte sich Karl-Heinz immer, um sein Glück wieder auf die Probe zu stellen. Es ist ja immerhin eine Wahrscheinlichkeit von 1:1, dass eine Frau den freien Hocker besetzt. Die Rechnung ging diesmal auf. Eine Frau trat ein, schaute um sich, als ob sie jemanden suchte, dann setzte sie sich zwischen Karl-Heinz und den Bärtigen. Sie bestellte einen Rotwein und zog ihren Mantel aus.

Ich erledigte ein paar Bestellungen der Gäste an den Tischen und lehnte mich dann an das Regal, Karl-Heinz gegenüber. Der Bärtige war inzwischen voll in Fahrt, der Frau seine Ansichten zu erklären. Vietnam, Südjemen, Kuba und Lenin wurden oft und Marx seltener in seinen Monolog eingeflochten. Die Frau bemerkte zwischendurch gelangweilt »Wer? Ach ja?« und manchmal »Ach so!« (Diese Redewendung kenne ich als Barkeeper gut, sie bedeutet für den sensiblen Erzähler: Ich höre deinem Geschwätz überhaupt nicht zu. Es interessiert mich nicht. Lass mich in Ruhe!) Der Bärtige war aber nicht so feinfühlig. Er wurde immer aufdringlicher und seine Gestik und seine Themen wurden immer hitziger. Als ich zwei Pils abgezapft hatte und zurückkam, war er bei der gesellschaftlichen Repression und Wilhelm Reich. Karl-Heinz und ich lächelten, weil wir die Route kannten. Die Frau schaute ab und zu zur Tür und blieb bei ihrem einsilbigen »Wer? Ach ja?« und »Ach so!«.

Doch der Bärtige verstand noch immer nicht den Wink. Er legte seinen Arm um die Schultern der Frau und ergoss seine Schmeicheleien in ihr Ohr. »Du bist aber ziemlich emanzipiert!« – »Ehrlich, du, ich finde dich ganz stark!« – »Warum kommst du nicht in den

Kapital-AK?« – »Wie kommt es, dass ich dich nicht kenne?«

Die Frau blieb weiterhin bei ihrem »Wer? Ach ja?« und »Ach so!«. Die Hand des Bärtigen schob sich von ihrer Schulter über Hals und Rücken und dann zur Brust. Angewidert schob sie seine Hand fort und rückte samt Hocker zu Karl-Heinz, als dieser sein drittes Pils bestellte.

Ich erledigte noch ein paar Bestellungen und brachte Karl-Heinz sein Pils. Da war er schon mitten in seiner Anmache. Er redet dabei nie – auch an diesem Abend nicht – von Kuba oder Vietnam, sondern vom Genießen und seiner Geilheit. Damit kam Karl-Heinz wie jeder Mann in den Siebzigern nicht an.

Die Frau sagte jedoch nicht mehr »Wer? Ach ja?« und »Ach so!«, sondern lachte herzlich und gab Karl-Heinz immer wieder mal einen zärtlichen Stups. Beide amüsierten sich wie Kinder und ab und zu fielen sie sich in die Arme. Der Bärtige wurde immer finsterer und trank stumm sein Bier.

Die Frau leerte ihr Glas und schaute auf die Uhr. Es war bereits nach zehn. Sie legte 3,50 für den Wein auf die Theke.

Karl-Heinz stand auf. Die Frau knöpfte ihren Mantel zu, dann umarmte sie ihn lange und flüsterte ihm irgendwas ins Ohr.

Ich sah, wie sich seine halb geschlossenen Augen plötzlich überrascht weiteten. Er streichelte ihr über den Kopf. »Ist schon in Ordnung. Mach's gut!«, sagte er und sank auf seinem Hocker zusammen, als die Frau »Tschüs!« rief.

Der Bärtige antwortete nicht. Er vergewisserte sich

mit einem verstohlenen Blick, dass sie draußen war, und zischte: »Blöde Gans!«

»Eine tolle Frau!«, erwiderte Karl-Heinz bestimmt.

»›Toll‹, sagst du? Eine verblödete kleinbürgerliche Jungfer ist sie!«, zürnte der Bärtige und nahm einen kräftigen Schluck aus seinem Glas. »Von nix 'ne Ahnung!«, giftete er, da Karl-Heinz nur den Kopf schüttelte.

»Und ob sie eine Ahnung hat! Sie ist lesbisch!«

»Da haben wir's!«, rief der Bärtige und quasselte weiter. Karl-Heinz und ich zogen ihn richtig auf und wir amüsierten uns eine Weile.

Plötzlich trat eine ältere Frau ein. Sie schaute etwas verlegen um sich, wie die, die zum ersten Mal in ein Nachtlokal hineingeraten ist. Sie blieb eine Weile stehen und überlegte, dann entschied sie sich für den Hocker neben Karl-Heinz.

Ein Lächeln huschte über das Gesicht des Bärtigen. Er nahm sein Glas und setzte sich zu einer der Gruppen an einen nahen Tisch.

Selten kamen ältere Menschen in diese linke Kneipe, und wenn, dann nur einmal. Die Deutschen mögen Ordnung und Gleichgesinnung sogar beim Saufen. Bürgerliche, linke, rechte, Szene-, Frauen-, Jugend- und Rentnerkneipen sind nur in diesem Land möglich.

Die ältere Frau setzte sich und bestellte einen Korn und ein Bier. Schnell gab Karl-Heinz der Frau sein Feuerzeug, als sie in ihrer Tasche kramte. Sie lächelte und bot ihm eine Zigarette an.

Die beiden redeten und lachten, und ich verstand, dass diese Frau nach vierzig Jahren Ehe an jenem Abend beschlossen hatte, allein zu leben. Sie sah eher erleichtert aus als traurig.

Die Leute an dem Tisch, zu denen sich der Bärtige gesetzt hatte, begannen bald, über Carlo zu witzeln.

Dann wurde die Kneipe etwas voller und ich hatte alle Hände voll zu tun. Plötzlich hörte ich ein fröhliches »Tschüs!«. Ich drehte mich um.

Karl-Heinz hatte seinen Mantel schon zugeknöpft und seinen roten Schal um den Hals geworfen.

Überrascht wollte ich ihn fragen, warum er so früh gehen wollte, aber in diesem Augenblick nahm er das Gesicht der Frau in seine Hände und gab ihr einen langen Kuss auf die Lippen. Der Bärtige jodelte. Die Frau hielt Karl-Heinz fest, und beide blieben eine Weile eng umschlungen.

»Zahlen, bitte«, sagte die Frau leise, und beide verließen die Kneipe.

Das war das erste Mal in drei Jahren, dass Karl-Heinz die Kneipe nicht allein verließ.

Die Traumfrau

Mein Freund A. erlitt eine Reihe von Niederlagen in der Liebe. Aber je öfter er scheiterte, desto komplizierter wurde die nächste Frau, die er suchte. Nach einer Lesung trafen wir uns auf ein Glas Wein. Er hatte sich gerade von seiner treuen, schönen, klugen, sportlichen, häuslichen und natürlichen Frau getrennt, weil sie schweigsamer gewesen war als ein Grab. Nun beschrieb er mir seine Traumfrau, die er, endlich gereift, verdient habe. Eine Mischung aus Mutter Theresa, Marie Curie, Clara Schumann, Marilyn Monroe, aus Talkmasterin, Balletttänzerin und einer modebewussten Untergrundkämpferin. Ich musste lachen und wunderte mich nicht, dass viele Frauen das Weite suchten, wenn ihnen die Hirngespinste meines Freundes klar wurden.

Doch plötzlich meldet sich A. bei mir. Überglücklich. Er hätte es selbst nicht geglaubt, aber die Frau seiner Träume sei da. Sie sei seine Freundin. Unglaublich! Zum ersten Mal erlebe er, wie sogar die trockenen Worte Hegels erotisch wirkten, wenn sie sie zitiere.

Einen Monat später allerdings weinte mir A. den Telefonhörer voll. Nein, nein, die Frau sei wirklich ein Traum, doch habe er nur noch schlaflose Nächte und frage sich, warum eine solche Frau ausgerechnet so einen miesen Typen wie ihn liebe, wo doch alle Welt ihr zu Füßen liege.

Von Sehnsucht und anderen Schwalben

Der fliegende Baum

Auf einem kleinen Feld lebten einst ein alter, knorriger Apfelbaum und ein junger, hoch gewachsener Aprikosenbaum. Sie hatten genug Platz zum Leben und standen so weit auseinander, dass keiner im Schatten des anderen leben musste. Von Jahr zu Jahr brachte der Aprikosenbaum immer mehr Blüten hervor und der alte Apfelbaum regte sich über seinen Nachbarn auf.

»Du trägst viel zu viele Blüten. Die Bienen haben kaum noch Zeit, die meinen zu befruchten.«

»Ich bin nun mal fleißig«, antwortete der Aprikosenbaum stolz, »und die Bienen auch. Du bist alt und taugst höchstens noch für den Ofen.«

Diese Zankereien hörten zum Ende des Frühlings hin auf, denn die emsigen Bienen hatten die Blüten beider Bäume bestäubt. Im Sommer strahlte dann der Apfelbaum.

»Was für miese Früchte trägst denn du? Es sind viel zu viele, bei der kleinsten Windböe fallen sie dir herunter. Schau her, jeder Apfel ist ein Stern. Kein Wunder, dass der Bauer euch nur noch zu Marmelade zerquetscht. Ein jämmerlicher Marmeladenheini bist du!«, spottete der Apfelbaum und schaute stolz auf seine großen, rotbackigen Äpfel.

»Wasserkopf! Aus dir wird ja nur ein geschmackloser Saft gepresst. Ein ganz billiger Saftladen bist du!«

Doch als der Herbst ins Land zog, redeten die Bäume immer weniger miteinander; denn ihre Früchte waren geerntet, und sie wussten nicht, worüber sie sich noch streiten sollten. Sie langweilten sich den ganzen Tag, bis der Winter den Herbst ablöste, dann fielen sie in tiefen Schlaf.

Eines schönen Tages im Frühjahr jedoch drängte sich ein kleiner Baum aus dem Boden ans Licht der Welt. Als Erster bemerkte ihn der Apfelbaum.

»Dieser Aprikosenschuft hat heimlich einen Kern in den Boden geschlagen und bald wird der Bauer mich abholzen und nur noch Aprikosenbäume auf seinem Land beherbergen. Ich bin alt und trage von Jahr zu Jahr weniger. Der Bauer lässt nicht einen Apfel am Boden verkommen, so dass ich mich an keinem einzigen Sprössling erfreuen kann!«

»Guten Morgen!«, grüßte der kleine Baum fröhlich und erschreckte den Aprikosenbaum, der damit beschäftigt gewesen war, den Bienen den Hof zu machen.

»Guten Morgen! Wer bist denn du?«, fragte dieser erstaunt zurück. Er dachte dabei im Stillen, der Apfelbaum wolle den Bauern auf seine alten Tage mit einem Spross verführen.

»Iiich? Ein Baum!«

»Ja, gut, aber was für einer?«, fragten die beiden Alten im Chor.

»Das weiß ich nicht. Genügt es nicht, ein Baum zu sein?«

»Nein, du musst etwas Bestimmtes werden! Schau, Aprikosen sind am fleißigsten. Gefallen sie dir nicht?«, sprach der Aprikosenbaum schmeichelnd.

»Ja, doch«, antwortete der junge Nachbar und bekam sogleich zwei zierliche Aprikosenblätter.

»Lass dich, junger Freund, von dem Marmeladentrottel nicht einmachen. Äpfel sind das Schönste auf der Welt!« Der Apfelbaum sprach so überzeugend, dass der kleine Baum zwei Apfelblätter bekam.

»So geht es nicht! Du musst dich entscheiden. Apfel oder Aprikose?«, erboste sich wieder der andere Nachbar.

»Ich weiß es noch nicht! Ich brauche doch Zeit!«, wunderte sich der junge Baum.

»Armer Trottel!«, stöhnten die beiden Alten und kümmerten sich wieder um die Bienen. Der kleine Baum beobachtete die Sonne und sie gefiel ihm, weil sie so rund und leuchtend war. Kurz vor ihrem Untergang bekam er ein rundes Blatt. Es wurde dunkel, aber der junge Baum war so aufgeregt, dass er nicht schlafen konnte. Es war seine erste Nacht. Die Sterne grüßten ihn, und alsbald erkannte er, dass kein Stern dem anderen glich, jeder hatte eine andere Geschichte. Der Mond verzauberte seinen Zuhörer mit Erzählungen, bis er in der Dämmerung in Schlaf fiel.

Am nächsten Morgen staunten die Nachbarn über die vielen neuen Blätter, einige sahen wie Sterne aus, und aus dem Wipfel ragte ein kleiner Stiel, der einen grünen Halbmond trug.

»Das kann ja heiter werden«, spottete der Apfelbaum. »Du Nichtsnutz, jeder Baum trägt nur eine Art von Blättern und kümmert sich um seine Früchte«, belehrte ihn der Aprikosenbaum.

»Warum denn? Ist es nicht wunderbar, Sterne und Monde zu tragen?«

»Nein, wozu?«

»Sie erzählen doch die schönsten Geschichten!«

»Was nutzt einem Baum das schönste Märchen. Früchte musst du tragen.«

»Ich finde aber Geschichten sehr schön. Könnt ihr mir auch welche erzählen?«

»Das wird ja immer lustiger! Geschichten, sagst du?«

»Ja! Ihr seid doch alt genug, oder?«, fragte der junge Baum.

»Ich kann keine Geschichten erzählen. Ich kann dir aber die Wahrheit sagen«, stöhnte der Aprikosenbaum.

»Und was ist die Wahrheit?«

»Die Erde ist eine große Aprikose! Das ist die Wahrheit.«

»Er lügt«, unterbrach giftig der Apfelbaum. »Das ist ein Märchen. Die Wahrheit ist, die Erde ist ein runder Apfel.«

Über diesem Streit vergaßen die beiden Nachbarn den kleinen Baum. Eine Schwalbe jagte mit graziösem Flug eine Mücke. Plötzlich sah sie den prächtigen Baum.

»Du siehst aber komisch aus. Was bist du denn für einer?«

»Ich weiß es noch nicht. Ich bin ein Baum, genügt das nicht?«

»Doch, doch! Ich finde dich toll«, rief die Schwalbe.

»Kannst du Geschichten erzählen?«

»Na, du bist vielleicht ein komischer Kerl! Aber warte, ich komme gleich mit einer Freundin zurück, sie erzählt am besten von uns allen!«, und sie flog davon.

Nach kurzer Zeit kam sie mit einer anderen Schwalbe zurück. Die kicherte erst einmal, als sie die wundersame Blätterpracht sah; denn sie hatte gedacht, dass ihre Freundin reichlich übertrieben hätte. Sie ließ sich auf einem wippenden Zweig nieder und kramte ihre schönsten Geschichten aus dem Gedächtnis hervor. Schwalben sind die besten Märchenerzähler. Sie reisen um die ganze Welt und nisten unter den Dächern der Häuser und Ställe. Sie sehen und hören viel und können sich an alles erinnern. Die Schwalbe erzählte dem jungen Baum lange über die bunte Welt, und als er am Schluss voller Bewunderung fragte, ob die Erde wie eine Schwalbe aussähe, fiel sie vor Heiterkeit fast von ihrem Zweig. Seitdem glaubte der junge Baum nicht, dass die Erde wie ein Apfel oder wie eine Aprikose aussieht.

Als der Herbst kam, verabschiedeten sich die Schwalben schweren Herzens und flogen in den Süden. Der junge Baum dachte traurig die ganze Nacht an seine Freunde und in der Morgendämmerung entfalteten sich zwei Schwalbenblätter an seinen Ästen.

»Höre endlich auf, neue Blätter in die Welt zu setzen, der Herbst kommt«, riet ihm der Apfelbaum. Doch der kleine Baum wunderte sich nur über die Blässe, die alle Blätter der beiden Nachbarn verfärbte.

»Warum werdet ihr so bleich?«

»Das muss so sein, sonst können wir den Winter nicht überleben.«

»Warum?«

»Das war schon immer so!«, rief der Aprikosenbaum, und der Wind fegte viele seiner Blätter hinweg.

»Lass deine Blätter fallen!«, brüllte der Apfelbaum in den tosenden Wind.

»Ich liebe aber meine Blätter!« Der Kleine umklammerte sie trotzig und verteidigte sie verbissen gegen die Wut des Sturmes.

Der Winter zog ins Land und verbreitete eisiges Schweigen. Einsam und verlassen fühlte sich der kleine Baum. Er zitterte mehr vor Angst als vor der Kälte. Um seine Angst zu besiegen, fing er an, sich die Geschichten der Schwalben zu erzählen. »Lass uns schlafen!«, schimpfte der Apfelbaum. »Früchte tragen will er nicht, aber eine große Klappe hat der junge Nachbar«, nörgelte der Aprikosenbaum, und die beiden Gegner waren sich zum ersten Mal einig.

Es war ein kalter Winter, der Himmel geizte mit Regen und Schnee. Je kälter es wurde, umso mehr dachte der junge Baum an die Schwalben und träumte von ihren Geschichten.

Ermüdet und fast verdurstet erwachten die Bäume aus ihrem Winterschlaf: Sie schlugen ihre Wurzeln tief in die ausgedörrte Erde, um etwas Feuchtigkeit aufzuspüren. Ihre Zweige streckten sich weit hinauf, den spärlichen Tau aufzusaugen. Verzweifelt versuchte auch der junge Baum seinen Durst zu stillen. Seine feinen Wurzeln stießen auf der Suche nach Wasser aber immer wieder auf die kräftigen Wurzeln seiner Nachbarn. Sie versperrten ihm den Weg, und als er sie um etwas Platz bat, riefen sie:

»Tut uns Leid, Junge, wir müssen später unsere Früchte ernähren.«

Oft träumte der Baum vom Regen und von den Wolken und seine jungen Blätter ähnelten den Bildern seiner Träume.

Die Schwalben hörten sich den Kummer ihres Freundes an, der keine Märchen mehr hören wollte. Wenn ein Baum Durst und Hunger hat, mag er keine Geschichten hören.

»Meine Nachbarn lassen mir kaum Platz. Könnt ihr mir nicht helfen?«

»Wie denn?«, fragten die Schwalben besorgt.

»Ich will mit euch in den Süden ziehen, denn hier werde ich den nächsten Winter nicht überleben.«

Als die Schwalben sich im Herbst sammelten, um in den Süden zu fliegen, verabschiedete sich der kleine Baum von seinen Nachbarn.

»Was heißt hier, lebt wohl! Ein Baum reist nirgendwohin!«, empörte sich der Aprikosenbaum.

»Doch! Wenn einer nichts mehr zu essen und zu trinken hat, dann reist er fort, egal ob er ein Baum oder eine Schwalbe ist.«

Der junge Baum packte mit seinen Wurzeln etwas Erde und reckte seine Zweige hoch hinauf. Hunderte von Schwalben zogen ihn aus der staubigen, trockenen Erde und flogen mit ihm davon.

»So einen verrückten Baum habe ich noch nie gesehen!«, sagte der Aprikosenbaum und gähnte herzhaft, und der Apfelbaum nickte zustimmend.

Die Schwalben flogen immer höher. Sie eilten ohne Rast in den Süden. Der kleine Baum erblickte staunend Berge, Täler und Flüsse. Nach mehreren Tagen erreichten sie gemeinsam ihr Ziel.

»Wo wollt ihr hin?«

»In die Felswand dort drüben«, antworteten die Schwalben.

»Können Bäume in Felsen leben?«

»Nein, das nicht, aber du kannst dort unten im Wald leben!«

Der kleine Baum schaute sich den dichten Wald an.

»Nein! Dort gibt es keinen Platz. Tragt mich hinunter zum silbernen Fluss! Dort kann ich leben.«

Die Schwalben glitten hinab und setzten den kleinen Baum sanft auf das Wasser.

»Wir werden dich besuchen!«, riefen sie und flogen zu ihren Nestern in der Felswand.

Das Wasser trug den Baum hinunter bis zu einer ruhigen Flussbiegung. Erfreut über das kühle Wasser, begann der Baum, sich den Staub der weiten Reise von seinen Blättern abzuwaschen.

»Was bist du für ein komischer Fisch?«, hörte er plötzlich eine leise Stimme. Ein kleiner roter Fisch starrte ihn verwundert an.

»Der liegt einfach so auf dem Wasser und schwimmt. Meine Güte, wir müssen uns abrackern, damit wir nicht umkippen.«

»Wer bist du?«, drängte sich ein schwarzer Fisch vor.

»Ich bin ein Baum!«

»Ein Baumfisch? So etwas habe ich noch nie gehört!«

»Können Baumfische alle so gut schwimmen?«, fragte neugierig der rote Fisch.

»Weiß ich nicht! Ich kann es«, antwortete der junge Baum verlegen.

»Bäume müssen ganz tolle Fische sein«, schwärmte der schwarze Fisch, und der junge Baum fühlte sich überglücklich. Er erzählte von seiner Reise und nach einer Weile hörte ihm ein großer Fischschwarm zu. Viele junge Fische schwärmten davon, eines Tages zu fliegen, aber ältere Fische schüttelten den Kopf über den kleinen redseligen Baum. Ob alt oder jung, einerlei, sie lauschten seinen spannenden Geschichten und freuten sich über den neuen Nachbarn. Fische reden in der Regel wenig und hören gerne zu. Während aber der junge Baum sich wusch und den Fischen erzählte, löste das Wasser die Erdkrumen aus seinen Wurzeln.

»Ich habe Hunger«, rief er.

»Und was essen Baumfische?«, fragte ihn ein kleiner roter Fisch.

»Erde und Sonne schenken mir das Leben, dafür muss ich gerade stehen. Wir Bäume können nur aufrecht leben. Helft mir, bitte, meine Wurzeln in den Boden zu schlagen.« Ein großer Fischschwarm packte seine Wurzeln und zog sie in die Tiefe. Das Wasser tat das seine dazu und nach mehreren Versuchen stand der Baum aufrecht. Er grub seine Wurzeln tief in den weichen Boden. Stolz, doch etwas ermüdet schauten die Fische den Baum an und staunten über die vielen jungen Blätter, die wie grüne Fische aussahen. An diesem ersten Tag erzählte der Baum den Fischen Märchen bis in die Nacht hinein.

Als er erwachte, stand die Sonne bereits hoch am Zenit. Kein einziger Fisch war weit und breit zu sehen. Er rief nach ihnen, aber sie schienen seine Stimme nicht zu hören.

»Ein Pelikan lauert in der Nähe«, erklärte ihm eine Schwalbe, die vorbeisegelte und seine besorgten Rufe vernahm. »Deshalb flüchten alle Fische.«

Plötzlich fühlte sich der junge Baum an seine Einsamkeit im Norden erinnert. Eine große Wut auf den Pelikan packte ihn.

»Habt keine Angst vor dem Pelikan! Ich bin doch euer Freund!«, rief der junge Baum den Fischen zu. »Solange ich in der Nähe bin, wird kein Pelikan der Welt euch auch nur eine Schuppe ausreißen.«

Erst nach mehreren Rufen wagte sich ein kleiner schwarzer Fisch aus seinem Versteck heraus.

»Hast du keine Angst vor dem Pelikan?«, fragte er den jungen Baum mit dünner Stimme.

»Nein! Ich werde ihm zeigen, was ein Baum ist!« Seine Zweige peitschten das Wasser. Er kannte den Pelikan nicht, und Bäume haben keine Angst vor jemandem, den sie nicht kennen. Fische jedoch kennen den Pelikan. Deshalb wagten sich nur drei kleine Fische heraus und drückten sich eng an den Stamm ihres Freundes.

Plötzlich krachte es. Hoch aufspritzendes Wasser nahm dem jungen Baum die Sicht. Wie durch einen Schleier sah er aus dem Sprudel den Pelikan auftauchen. Die drei Fische waren verschwunden. Wütend streckte der junge Baum seine Zweige aus und packte den Pelikan am Hals. Dieser zappelte wild, konnte sich aber nicht befreien. Der Baum zog den Pelikan zu sich heran und haute ihm mit einem kräftigen Ast über den Kopf.

»Tu das nicht noch einmal! Gib sofort meine Freunde heraus!«, brüllte er den erschrockenen Vogel an.

»Was geht das dich an! Du bist doch nicht ihr Vater!«, krächzte der Pelikan heiser und japste nach Luft, denn die Zweige schnürten ihm den Hals zu.

»Ich bin nicht ihr Vater, doch wohl ihr Freund. Spuck sie aus!« Er schüttelte den Pelikan und gab ihm noch einen Hieb auf den Kopf

Der Pelikan fürchtete um sein Leben. Er sperrte seinen großen Schnabel auf und die kleinen Fische konnten ins Wasser springen.

»Kommt alle heraus und schaut euch den Pelikan an!«, rief der Baum, und immer mehr Fische kamen aus ihrem Versteck. Sie lachten zum ersten Mal über den Pelikan, der gefangen in den Zweigen hing und wütend mit seinen Flügeln schlug.

»Verschwinde und lass dich hier nie wieder blicken!«, befahl der Baum und versetzte dem Pelikan noch einen Schlag auf den Hintern.

Die Fische sahen erfreut zu, wie der Vogel das Weite suchte.

»Es gibt kein größeres Unglück als die Freundschaft der Bäume mit den Fischen«, fluchte der Pelikan und verschwand.

Doch dieses Unglück bereitete den Fischen ein großes Vergnügen. Fröhlich tanzten sie um den Stamm ihres Freundes herum wie leuchtende Ringe. Und wer sie genau belauschte, der konnte die Fische zum ersten Mal singen hören.

Wie die Mohnblume
eine neue Welt entdeckte

Es war einmal eine kleine Mohnblume, die mit vielen anderen Blumen zusammenlebte, weißen, gelben, violetten und roten. Sie lebten unter einem großen braunen Stein und spielten glücklich miteinander. Gemeinsam freuten sie sich, wenn ein Schmetterling oder eine Biene sie besuchte.

Eines Abends hörte die Mohnblume einer Großmutter zu, die ihren Enkeln eine Geschichte erzählte. Als die Großmutter, eine Margerite, deren Blätter schon ein wenig welk geworden waren, die Geschichte beendet hatte, fügte sie noch nachdenklich hinzu: »Und so seht ihr, meine Lieben, dass klein sein auch sein Gutes hat, man sollte dankbar dafür sein.«

Die Mohnblume aber wollte wissen: »Warum?«

Die Enkel lachten, und ein kleines Gänseblümchen lispelte spitz: »Es ist nun mal besser, aber du hast ja nicht richtig zugehört.«

Die Mohnblume war traurig, weil sie wirklich die Geschichte genau verfolgt, sie aber trotzdem nicht verstanden hatte. Deshalb fragte sie am nächsten Tag die

Margerite: »Großmutter, du sagst immer die Welt, die Welt, was ist die Welt?«

»Ach Kind, du hast immer Fragen! Unsere Welt ist der Himmel, die feuchte Erde und ein großer brauner Stein, hinter dem die Welt zu Ende ist.«

»Aber ich höre doch oft Klänge, Singen und Lachen. Auch wenn es dunkel ist, und sie kommen von der anderen Seite des Steines«, sagte die Mohnblume sehnsüchtig.

»Armes Kind«, antwortete die Margerite und streichelte den Kopf der neugierigen Mohnblume. »Hinter dem Stein ist das Nichts. Du hörst auch nichts, sondern bildest es dir nur ein.«

Die Mohnblume seufzte, weil sie sich eine andere Antwort gewünscht hatte. Sie dachte den ganzen Nachmittag nach und beschloss, in der Nacht wach zu bleiben. Als es dunkel wurde und die anderen Blumen mit einem schönen Lächeln ihre Blüten schlossen, lauschte sie und hörte wieder die Klänge von der anderen Seite des dunklen Steins. Die Melodie berührte die Seele der kleinen Blume so tief, dass sie sich bis zur Morgendämmerung munter hin und her wiegte.

Es wurde hell und die Blumen öffneten ihre Kelche.

»Ich kann es einfach nicht glauben, dass die Welt nur aus dieser feuchten Erde und diesem Himmel besteht und dass sie am Stein endet«, sagte die Mohnblume zu ihrer Freundin, der Butterblume.

»Willst du nun spielen oder nicht?«, wollte diese wissen.

»Ich habe oft Singen und viele andere Laute in der Nacht gehört. Sie kommen von der anderen Seite des Steins«, versuchte die Mohnblume zu erklären.

»Jetzt mach aber mal halblang!«, befahl der Löwenzahn. »Du verbreitest hier nur Unruhe mit deinem dummen Gerede.«

»Die spinnt wohl«, flüsterte die Glockenblume.

»Bleibt doch nur eine Nacht wach und ihr werdet es auch hören«, schrie die Mohnblume, den Tränen nahe.

»In der Nacht wach bleiben? Um am Tage verschlafen zu sein wie du?« Die Butterblume drehte sich empört zu den anderen. »Nun, wollt ihr weiterspielen oder nicht?«, fragte sie.

»Ja …, ja, doch«, riefen die anderen und wandten sich von der Mohnblume ab, die ratlos und allein dastand. »Ich muss es versuchen«, sagte sie sich und schaute zu dem braunen Stein hinauf. Ihre Augen leuchteten entschlossen. Langsam begann sie, auf den braunen Stein zu klettern, und ihre Freundinnen starrten ihr hinterher.

»Sie hat den Verstand verloren!«

»Sie stürzt noch ab!«, raunten sie sich leise zu. Die Mohnblume aber kletterte unbeirrt weiter den rauen Stein hinauf. Plötzlich donnerte ein höhnisches Lachen aus der Tiefe des Steines.

»Ich bin der Größte … Ha, ha, ha … Du wirst zurückkehren, denn du reibst dich nur wund an meiner Panzerhaut.«

Die Mohnblume zitterte vor Angst. Ihre Hände begannen bereits zu schmerzen.

»Komm bitte zurück«, rief ihr eine Blume nach.

Und die tiefe Stimme des braunen Steins dröhnte wieder wie ein Echo: »Es hat keinen Sinn, du wirst doch scheitern.«

»Nie im Leben«, ächzte die Mohnblume und kletterte entschlossen weiter.

Nach einigen Stunden sahen die Wiesenblumen nur noch ihren schmalen Körper, der sich fest an den Stein klammerte, ihren Kopf konnten sie nicht mehr sehen. Die Stimme des braunen Steines schallte nicht mehr so laut und verächtlich, eher war es ein tiefes Brummen.

»Was hast du davon, viele Blumen haben es vergeblich versucht. Du hast bis jetzt großen Mut bewiesen. Kehre zurück, die anderen werden jetzt mehr Respekt vor dir haben.«

Und leise drangen Stimmen zur Mohnblume hinauf.

»Vielleicht ist sie doch schon tot.«

»Sie ist schon verloren.«

»Vielleicht spinnt sie doch nicht.«

Die Mohnblume sah den Gipfel des Steines vor sich.

»Nur noch ein bisschen«, machte sie sich ein wenig Mut.

»Ich bewundere dich«, flüsterte der Stein. »Kehre zurück, und ich werde dir helfen, die Königin aller Blumen zu werden. Du bist die mutigste aller Blumen, lass uns doch Freunde werden!«

Doch die Mohnblume rief ganz außer Atem: »Um nichts in der Welt gehe ich zurück!«

Plötzlich sah sie zum ersten Mal die Welt hinter dem braunen Stein. Eine goldene Sonne, viele Blumen, kleine bunte Vögel, einen Fluss mit glitzerndem, klarem Wasser, in dem sich die Blumen, die Sonne, die Bäume und die Gräser spiegelten.

»Die Welt ist so groß«, rief die Mohnblume begeistert und atmete tief, als eine leichte Brise ihr müdes Gesicht streifte. Sie drehte ihren Kopf und sah die weiten Felder, die bis zu den Bergen reichten, und den Wald mit seinen riesigen Bäumen. »Ein Winzling bist du in dieser Welt«, sagte sie verächtlich zum braunen Stein.

Nun hörte sie auch, dass sie sich die Klänge hinter dem braunen Stein nicht eingebildet hatte. Es war das plätschernde Wasser des Flusses, der Wind, der mit den Zweigen der Trauerweide spielte, und der Gesang der bunten Vögel, es war dieses Lied der Natur, das sie so tief in der Seele berührt hatte. Die Mohnblume schaute erstaunt die Sonne an und verliebte sich sofort in sie.

»Willst du mit mir spielen?«, rief sie ihr zu.

Die Sonne lachte ihre neue Freundin an. »Ja, gerne«, sagte sie und reichte ihr zwei glitzernde Strahlen.

Die Mohnblume griff danach und spielte den ganzen Tag mit der schönen Sonne, bis diese müde wurde und hinter den Bergen schlafen ging.

Am nächsten Tag spielte die Mohnblume mit den Vögeln und den Schmetterlingen und schlief bei Sonnenuntergang erschöpft ein. Mitten im Schlaf spürte sie ein leichtes Streicheln. Sie öffnete die Augen und sah, wie alles um sie herum in silbernes Licht getaucht war.

»Und wer bist du?«, fragte sie den lächelnden Vollmond.

»Ich bin der Mond. Meine Mutter, die Sonne, hat mir von dir erzählt.«

»Willst du mit mir spielen?«, fragte sie.

»Ich kann nicht gut spielen, aber wenn du, wenn du magst, kann ich dir Geschichten erzählen«, antwortete der Vollmond schüchtern.

»Oh, ja!«, rief die Mohnblume begeistert und erschreckte einen in ihrer Nähe schlafenden Spatzen, der aber nach einem müden »Ein wenig leiser, wenn ich bitten darf« sofort wieder in den Schlaf fiel. Der Mond erzählte der roten Blume viele Geschichten und streichelte mit seiner silbernen Hand ihren Kopf, bis sie einschlief.

Als sie aufwachte, lachte die Sonne vergnügt, denn sie stand schon sehr hoch am Himmel.

»Na! Hat dir mein Sohn den Schlaf geraubt?«

»Oh, nein! Er erzählte sehr schön«, antwortete die Mohnblume und gähnte.

»Nun komm, wir spielen noch ein paar Stunden!«, ermunterte die Sonne ihre Freundin.

»Ich möchte schon gerne, aber wenn meine Freunde heraufklettern und mitspielen könnten, wäre es noch schöner. Lass mich nach ihnen rufen«, bat diese.

»Ja, das wird bestimmt lustig, beeile dich«, stimmte ihr die Sonne zu, und die Blume begann, ihre Eltern und Freunde zu rufen. Immer wieder schrie sie ihre Namen und lauschte auf eine Antwort, aber sie hörte nichts.

Eines Tages ging der Wind spazieren. Er sah die Mohnblume fröhlich tanzen. Verärgert fragte er:

»Was machst du hier? Du gehörst nach unten, an den Fuß des braunen Steins.«

Die Mohnblume reckte ihren Kopf. »Warum, wer sagt denn das?«

Der Wind zürnte: »Das ist nun mal so! Und du störst mich hier. Immer wenn ich über diesen Stein gleiten will, kratzt du mich.«

»Dann geh doch einen anderen Weg, bald kommen meine Geschwister und sie kratzen dich noch mehr«, erwiderte die Mohnblume und rief wieder nach ihren Freunden.

Der Wind wurde plötzlich freundlich und raunte: »Schau, warum können wir nicht Freunde werden?

Lass deine Freunde da unten und krieche, wohin du willst. Schau dir den Efeu an, der ist vernünftig. Er passt sich allen Dingen an, nie kratzt er mich, wenn ich über die Steine streiche. Er ruft auch nie nach seinen Freunden.«

»Aha, weil er seine Freunde im Stich lässt, magst du ihn. Er liegt ja auch immer flach auf der Nase. Nein, weißt du, ich glaube, wir werden keine Freunde.«

»Du wirst für deine Sturheit noch zahlen!« Der Wind zog sich verbittert zurück.

Am nächsten Tag erwachte die Mohnblume aus einem schrecklichen Traum. Sie suchte die Sonne überall am Himmel, aber diese war nirgends zu finden. Weit und breit war kein Vogel zu sehen und der Fluss spiegelte nur das Grau des dunklen Himmels.

Eine eisige Kälte fuhr ihr in die Glieder, über die Ebene fegte ein gewaltiger Sturm, der Bäume und Blumen mit sich riss. Als er den Fluss erreichte und die Mohnblume mit seinen kräftigen Krallen packte, schrie diese vor Angst. Sie schlug heftig auf seine Klauen und taumelte im Kampf. Die Welt kreiste vor ihren Augen, und sie sah die vielen Blumen und Blätter, die durch die Luft wirbelten. Wütend verbiss sie sich in der Klaue des Sturmes, der sie erbarmungslos beutelte.

Zerschunden lag die Mohnblume auf der Erde neben dem braunen Stein, der wieder schallend zu lachen begann. Die Wiesenblumen rannten zu ihr. Einige lachten höhnisch, andere weinten. Der Löwenzahn drängte sich durch die Versammelten und sagte gehässig: »Das hast du davon!«

Doch die Mohnblume lächelte. »Hört nicht auf ihn«, flüsterte sie. »Die Sonne ist so schön, eine ganze bunte

Welt wartet auf euch ... Dieser braune Stein ist mickrig klein ... Ich habe es euch doch zugerufen! Habt ihr mich nicht gehört?«

»Oh, doch«, schluchzte die Butterblume.

»Und sie sagten zu mir, ich bilde es mir nur ein«, jammerte die Glockenblume.

»... Dieser Stein ist nichts im Vergleich zur Welt, und die Geschichten des Mondes sind die schönsten, die ich je gehört habe. Mit seiner Hand kann er die Dunkelheit hinwegfegen und die Welt in einen silbernen Glanz tauchen ... Habt ... keine Angst ... Die Sonne wartet auf euch ...«, stieß die Mohnblume mit letzter Kraft hervor.

Die kleinen Blumen verabschiedeten sich von der sterbenden Mohnblume, und eine nach der anderen begann, auf den braunen Stein zu klettern. Manche wurden weggefegt, doch die anderen gaben nicht auf und kämpften verbissen weiter.

Und seit diesem Tag leben keine Blumen mehr unter den Steinen, sondern klettern so lange, bis sie mit den Strahlen der Sonne spielen und die Geschichten des Mondes hören können.

Herbststimmung

Mich stört ein regnerischer Sommer wenig. Viel zu heiß waren die sonnigen Tage meiner Kindheit. Regen im Sommer hat für mich immer noch die Erinnerung an Frische. Das üppige Grün betont auch beim schlimmsten Wetter, dass der Sommer hartnäckiger und bodenständiger ist als die Launen der Wolken.

Der Herbst verlangt nach Langsamkeit, Besinnlichkeit. Seine sensiblen vielfältigen Farben sind zerbrechlicher als die schwach gewordenen Sonnenstrahlen. Deshalb kann ich mich auch nach fünfundzwanzig Jahren Exil in Europa nicht an die kurzatmigen, vom Winter überrumpelten Herbste gewöhnen. Die Melancholie verwandelt sich in der feuchten Kälte, die in die Kleider und mit dem Atem nach innen dringt, in eine Traurigkeit. Spazierengehen wird zur Last, der Blick senkt sich zu Boden und ertrinkt in grauer Nässe.

Der Herbst, wenn er seinen Gang langsam und leise ansetzt, entfaltet in mir das allerschönste und tiefste Gefühl für die Natur. Seine Farbenpracht vor Augen, die Erinnerung an den Sommer im Herzen, im Bewusstsein die nahende klirrende Kälte des Winters – all das lässt ihn als reichste und intensivste Jahreszeit erscheinen, und deshalb empfinde ich seinen Verlust umso schmerzlicher. Der Herbst ist mit Gesundheit und Freiheit verwandt, erst wenn er fehlt, fühlt man, wie wertvoll er war.

Der Drache von Malula

Bittet man Kinder darum, einen Drachen zu malen, dann malen sie sofort einen. Er sieht immer gleich aus, egal ob ihn ein chinesisches oder afrikanisches Kind gemalt hat. Kinder kennen ihn, den einen immer gleich aussehenden Drachen. Nur Erwachsene glauben nicht, dass es Drachen gibt, als hätten sie beim Durchschreiten des Tores zum Erwachsensein die Erinnerung an den Drachen im Garten ihrer Kindheit zurückgelassen.

Ich habe als zehnjähriges Kind einen Drachen gesehen und bin später wahrscheinlich durch das Tor ins Reich der Erwachsenen gegangen, aber ich habe den Drachen nicht vergessen. Ich weiß es noch genau. Es war Sommer, er kam an einem Montagnachmittag. Und wenn du diese Geschichte liest und zufällig auf einer deiner Reisen mein Dorf Malula besuchst, frage nicht die Erwachsenen nach dem Drachen. Sie werden dich auslachen. Frage dort die Kinder: Sie werden dir dieselbe Geschichte erzählen.

Die alte, asphaltierte Straße nach Malula schlängelt sich an kargen Weinbergen vorbei, gesäumt von Steinen,

Disteln und dürrem Unkraut. Felsen begrenzen die Hänge hinter den Weinbergen. Das zerklüftete Gestein türmt sich immer höher auf den Hügeln aus trockener Erde, bis es am Anfang des Dorfes sich zu einer gewaltigen Felsmauer erhebt. Sonne, Wind und Regen haben ihre tiefen, geheimnisvollen Zeichen in die Wand gemeißelt. Menschen, Tiere und unvollendete Gestalten scheinen im Spiel von Licht und Schatten zu wechseln. Das Zirpen der Zikaden in der Mittagshitze begleitet den Meißel der Zeit mit rhythmischen Gesängen.

Einzelne verstreute Weinreben, ein paar kleine Feigenbäume mit verschmutzten Blättern schmücken die Weinberge, sonst nur Disteln, Steine und trockene Erde. Steine, die die Bauern von ihren Feldern gelesen und als Grenze zu den Feldern ihrer Nachbarn aufgehäuft haben, scheinen im Flirren der heißen Luft über den Feldern einen regen Handel zu treiben: ein bisschen trockene Erde von dem einen gegen einige Krumen des Nachbarfeldes.

Hart ist das Leben der armen Bauern von Malula. Sie entreißen mit ihrer schweren Arbeit dem staubigen Boden die Früchte, die sie zum Leben brauchen; freiwillig gibt die Erde ihnen nur Disteln und Steine. Mit einer jahrhundertelangen Erfahrung und großer Geduld bändigen die Menschen diese zerklüftete Gegend. Eine kleine Quelle spendet ein wenig Wasser, das die Bauern sorgfältig untereinander aufteilen, damit die Felder im Tal, spärlich genug, bewässert werden können. Die Straße zieht sich zwischen den Weinbergen und dem bebauten Tal mit seinen Terrassenfeldern hin. Sie begrenzt das zarte Grün der Gemüse- und Obstgärten und scheint es daran zu hindern, die Berge zu erklimmen; eine unüberwindliche Grenze.

Die blau und weiß getünchten Häuser von Malula mit ihren verfallenen Fenstern schmiegen sich eng an die Felswand. Ein Haufen bunter Kieselsteine in den schützenden Händen eines Riesen. Nur das Kloster zum heiligen Sarkis erhebt sich auf der Felswand hoch über dem Dorf.

Uralt ist Malula, keiner seiner Bewohner weiß genau, wann die ersten Vorfahren diese zerklüftete Landschaft besiedelt haben. Vage sind die Berichte über die Überlebenden eines Massakers im Süden des heutigen Libanon, die im Schatten der hohen Felswand Schutz fanden. Sie hieben ihre Höhlen in den Felsen, die sie erst nach langer Zeit verließen, um sich in kleinen, fest gezimmerten Häusern am Fuß der Felswand niederzulassen. Die Bewohner Malulas waren derart mit den Felsen verwachsen, dass diese ihnen wohl auch ihre besondere Sturheit eingehaucht hatten.

Eines Sommertages hatte die Hitze die Menschen in den Schatten ihrer Häuser getrieben. Nur ein paar Hunde dösten am Eingang der kleinen Kirche.

Ich spielte mit dem Sohn des Metzgers Ismail am Bach, der hinter der Moschee träge am Dorfplatz entlangfließt. Wir legten leere Büchsen auf das Wasser und rannten hinterher, um sie wieder einzufangen. Wir wetteten, wer seine Schiffe am schnellsten fahren lassen konnte. Uns machte die Sonne nichts aus. Mein Vater führte das auf meinen dicken Schädel zurück, in den kaum einer seiner Ratschläge eindringen konnte.

Ein Erwachsener schien einen ähnlich dicken Schädel zu besitzen: der Dorftrottel Hilal. Er saß an jenem Tag in der sengenden Sonne und spielte mit einem roten Ballon. Der fünfzigjährige Verrückte lief immer barfuß. Seinen verhornten Fersen konnten weder die spitzen Steine noch die Glassplitter etwas anhaben. Unrasiert und mit zerfetzten Kleidern sah er Furcht erregend aus. Hilal erschreckte jedoch nur Fremde. Vor uns Kindern hatte er große Angst, denn immer, wenn wir nichts zu tun hatten, rannten wir hinter ihm her, warfen mit Steinen nach ihm und, wenn wir ihn einfingen, ließen wir ihn nicht eher los, bis er uns erzählte, was die Frau des Bürgermeisters ihrem zwanzig Jahre älteren Mann im Bett sagte. Hilal wiederholte die Worte und wurde immer lauter, bis vorbeigehende Bauern oder Bäuerinnen uns allen eine Tracht Prügel verpassten.

Hilal liebte Ballons über alles, und wenn er ein paar Piaster erbetteln konnte, kaufte er sofort einen. Er konnte tagelang damit spielen. Da es in Malula jedoch allzu viele Kinder gab, die auch alle Luftballons liebten, sich aber keine kaufen konnten, konnte Hilal sich mit seinen Ballons nicht vor uns retten. Wir machten uns einen Spaß daraus, sie ihm abzujagen. Wir schlugen gnadenlos auf den Ballon ein und jauchzten, je höher wir ihn in den Himmel treiben konnten. Hilal rannte dann hilflos hin und her, sein Speichel tropfte ihm aus dem Mund, und er flehte uns im Namen der heiligen Maria an, seinen Ballon nicht zu quälen. Bei jedem Schlag zuckte Hilal zusammen, als hätte er eine Ohrfeige bekommen. Und irgendwann platzt jeder Ballon. Hilal suchte dann die Fetzen zusammen. Er hauchte sie liebevoll an, in der Hoffnung, sie wieder zum Leben zu erwecken, und heulte zum Steinerweichen über sein totes Spielzeug.

An diesem besagten Sommernachmittag war alles sehr ruhig. Plötzlich schrie eine Frau gellend: »Schaut euch dieses Flugzeug an!«

Ich drehte mich schnell um, denn ein Flugzeug ist selten in unserer Gegend, und sah den Drachen. Hassan ließ vor Schreck seine Büchse fallen und rief: »Mama ... Mama, komm!«

Der Drache kreiste über dem Dorfplatz. Er spie riesige Flammen aus seinem Maul und wir konnten das laute Zischen hören. Langsam füllte sich der Dorfplatz mit aufgeregten Menschen. Sie kamen aus ihren Häusern gerannt und schauten gebannt in den Himmel. Pfarrer Markus eilte mit fliegenden Rockschößen herbei und bekreuzigte sich unablässig. Der Gemüsehändler Tanius trat, nur mit der Unterhose bekleidet, auf seinen Balkon, und die bis dahin trägen Hunde heulten fürchterlich und sprangen in die Luft, als wollten sie dem Drachen ein Bein abbeißen. Dieser schien jedoch weder von den Menschen noch von den Hunden beeindruckt zu sein, er zog ruhig seine Schleifen über dem Dorf, schlug plötzlich jedoch kräftig mit den Flügeln und wirbelte dabei den Staub auf dem Dorfplatz auf. Schnell gewann er an Höhe und glitt über die Straße, die aus dem Dorf führt. Die Dorfbewohner atmeten erleichtert auf, doch die Freude währte nur kurz; denn der Drache kreiste über den Terrassenfeldern, stürzte sich hinab und verschwand hinter den Wipfeln der Bäume. Die Erde bebte, als er landete, und die Versammelten fingen an zu streiten, ob der Drache bei Mahmud oder Mustafa gelandet wäre. Keiner konnte es sehen, aber jeder wollte es genau wissen. Nur einen kümmerte der Drache überhaupt nicht: den Dorftrottel Hilal. Er saß ruhig im Schatten des Felsens und streichelte seinen roten Ballon.

Ein heißer Wind strich über die Felsmauer und ließ feinen Staub über das Dorf rieseln. Trockene Blätter und Papierfetzen zeichneten mit ihren Flugbahnen manchmal zackige, manchmal runde Zeichen einer geheimen Sprache. Sie schwebten zu Boden, stiegen, durch einen neuen Windschub aufgewirbelt, wieder in den Himmel und setzten ihre Erzählungen fort. Sie taumelten endgültig am Rande des Dorfplatzes nieder, wo sie sich, ermüdet durch ihren langen Auftritt, mühsam an den Häuserwänden entlangschoben.

Die wichtigsten Männer des Dorfes trafen sich beim Friseur. Der Bürgermeister, der reiche Schäfer Mustafa, Pfarrer Markus, Scheich Aref und der Gendarmeriechef Said. In Malula gab es damals kein Postamt, das einzige Telefon stand beim Friseur, als hätte die Regierung seine Stellung anerkennen wollen, denn bei ihm wurden die bedeutsamsten Nachrichten gehandelt und die wichtigsten Geschäfte getätigt.

Der Bürgermeister war ein erfahrener Mann. Bevor er etwas unternahm, rief er stets in der Hauptstadt an und sicherte sich ab. Diesmal aber wurde er tief beleidigt. Meine Mutter erzählte, was sie von der Frau des Friseurs erfahren hatte. Der Offizier in der Hauptstadt habe unseren alten Bürgermeister ›besoffener Idiot‹ geschimpft. Drachen gäbe es nicht.

Hilal durfte sich natürlich nicht zu den wichtigsten Leuten setzen. Er stand vor der Tür und lachte. Plötzlich knöpfte er seine Hose auf und pinkelte vor die Tür.

Der Friseur schlug empört mit einem Stock auf Hilal ein und schüttete viel Wasser mit Jasminduft vor seine Türschwelle. Wir lachten über den verärgerten Ladenbesitzer. Die Erwachsenen lachten nicht, denn es ging um ihre Felder. Sie standen in kleinen Gruppen herum, Männer und Frauen, Alt und Jung, und stritten an jenem Tag bis spät in die Nacht. Auch wir Kinder durften lange draußen bleiben, und wir fingen an, an dem Drachen Gefallen zu finden.

Viele hofften ja, der Drache würde schon in der Nacht weiterfliegen, andere hofften, das Ganze sei ein Alptraum, aus dem sie am nächsten Morgen befreit aufwachen würden.

Meine Mutter aber schüttelte zu allem den Kopf, auch als mein Vater ihr seine Hoffnung offenbarte. Nein. Von allein verlässt kein Tier eine saftige Weide. Meine Mutter war ihr ganzes Leben lang ängstlich, aber wenn die Männer mit den dicksten Schnurrbärten zitterten, wurde sie stur und mutig.

Am nächsten Tag wagten sich zwei mutige Männer auf die Felder. Als sie zurückkehrten, erzählten sie, der Drache habe seine Flügel verloren und bereits ein Maisfeld kahl gefressen. Grauer Speichel fließe ihm aus dem Maul und bedecke das kahl gefressene Feld. Eine Eiche solle der Drache mit einem Biss verschlungen haben, als wäre sie ein Grashalm.

Ein alter Bauer brach in Tränen aus. Er hatte gehofft, dass er mit einer guten Ernte seine Schulden vom vergangenen Jahr bezahlen könnte, und nun sollte der Drache ausgerechnet sein Feld als Erstes gefressen haben. Meine Mutter drückte bewegt die knochige Hand des alten Bauern. »Solange wir auch nur ein Fladenbrot haben, wirst du es mit uns teilen«, sagte sie, und ich war stolz auf meine Mutter. Auch viele andere Nachbarn sprachen tröstend auf den schluchzenden Bauern ein. Sie würden alles mit ihm teilen.

Das sagten die Bauern nicht aus Höflichkeit. Unser Dorf hatte deshalb in diesem kargen Gebiet überlebt, weil die armen Bauern zusammenhielten. Sie stritten wegen jeder Kleinigkeit, aber sie schlossen sich bei jeder Naturkatastrophe zusammen. Die letzte hatte das Dorf vor zwei Jahren heimgesucht.

Die Bilder von damals sind heute noch in meiner Erinnerung lebendig, als wäre es gestern gewesen. Der regnerische Winter hatte den Bauern eine gute Ernte geschenkt. Sie trockneten ihre Früchte, Kräuter und Weizengrütze auf dem geebneten Boden ihrer Felder und auf den flachen Dächern ihrer Häuser. Plötzlich zogen dunkle Wolken über das Dorf und es regnete in Strömen. Die Menschen rannten auf die Dächer und die Felder, schrien und heulten ohnmächtig vor dem gewaltigen Wasser, das aus den Wolken herunterplatzte und ihre Rosinen, ihren Weizen und ihre Linsen mit sich riss. Das schlammige Wasser wälzte sich auf den Dorfplatz und wurde zu einem reißenden Fluss, der mehrere Häuser und Ställe hinwegspülte und Schafe und Hühner ertränkte. Plötzlich wurde es wieder still. Viele der Bauern knieten noch im Schlamm, mit erhobenen Händen flehten sie zum Himmel. Zitternd und mit durchnässten Kleidern schlichen sie nach Haus, den Himmel, die Ernte und sich selbst verfluchend.

Hilal, der damals tagelang über einen ertrunkenen Welpen geweint hatte, schien die Katastrophe vergessen zu haben. Er lachte laut und handelte sich damit einen Fußtritt von einem Bauern ein.

Am dritten Tag hörten die Leute auf dem Dorfplatz wie gelähmt den Bericht eines Mannes, der sich nahe an den Drachen herangewagt hatte: Der Drache fraß schon das dritte Feld kahl.

Erst am Nachmittag erfuhren wir, dass der Bürgermeister in die Hauptstadt gefahren war. Er hatte Pfarrer Markus, Scheich Aref und den Vorsteher der Gendarmerie, Said, mitgenommen. Meine Mutter meckerte beim Abendessen über den Bürgermeister, der, ohne jemanden gefragt zu haben, in die Hauptstadt gefahren war, aber mein Vater lachte sie aus. »Soll er dich um Erlaubnis bitten?«, höhnte er, und als meine Mutter seine Frage stur bejahte, setzte mein Vater eine ernste Miene auf.

»Wenn er das geheim gehalten hat, dann hat er seine Gründe«, entgegnete er knapp und beschwerte sich ausführlich über das zähe Fleisch, das meine Mutter serviert hatte.

Die Bauern standen den ganzen Abend auf dem Dorfplatz herum. Sie redeten und rauchten in kleinen Gruppen. Als der Dorflehrer seine Idee von einer gewaltigen Steinwurfmaschine erklärte, versammelten sich immer mehr Menschen um ihn. »Mit einem großen Stein können wir den Drachen erschlagen oder wir vertreiben ihn aus unserem Dorf«, wiederholte er den Versammelten laut seinen Plan. Hilal unterbrach mit einem schallenden Gelächter den Redefluss des Lehrers. Sein lautes Lachen steckte die Bauern an.

Mustafa, ein reicher Schäfer, der den Lehrer nicht leiden konnte, näherte sich ihm, als wollte er dem Lehrer unter vier Augen ein Geheimnis verraten. »Die Maschine muss so groß sein, dass sie die Hauptstadt trifft«, brüllte der zahnlose Schäfer den verdutzten Lehrer an. Angewidert von der Spucke, die Mustafa, wenn er sprach, großzügig verteilte, trat der Lehrer einen Schritt zurück und wischte sein benetztes Gesicht mit einem sauberen Taschentuch ab.

Ein Bauer fragte begriffsstutzig: »Damaskus? Wieso denn?«

»Bis wir die Maschine gebaut haben, hat der Drache die Hauptstadt erreicht!«, rief Mustafa, und die Bauern lachten erneut. Angeekelt schaute der Lehrer sie an, als wäre jeder von ihnen ein Hilal.

Erst später erfuhren die Wartenden, dass der Bürgermeister in der Hauptstadt übernachten müsse. Der Busfahrer, der diese Nachricht mitbrachte, beschwichtigte die enttäuschten Zuhörer. Er wiederholte die Bitte des Bürgermeisters: Ruhe zu bewahren und keine Dummheiten zu machen. Ermüdet gingen die Leute nach Haus.

Am nächsten Morgen eiferten sich die Bauern noch heftiger über den Drachen: Mancher wollte ihn vergiften, manch anderer wünschte dem Drachen das Fleckfieber. Plötzlich hörten wir Schreie vom Ende des Dorfplatzes. Ich stand neben dem Friseurladen und rannte hin. Einige Männer versuchten verzweifelt, einen wie tollwütig um sich schlagenden Bauern zu beruhigen. »Lasst mich los!« Zornig befreite er sich aus dem Griff der Männer. »Ich werde ihn umbringen!« Schreiend eilte der kräftige Mann den steilen Weg hinauf, der zu seinem Haus führte. Er wohnte nicht weit vom Dorfplatz entfernt.

Die Bauern verstanden nicht, wie er sich das vorstellte, den Drachen umzubringen. Doch bald ritt der Bauer auf seinem Schimmel Furcht erregend durch das Dorf. Mit seiner Lanze in der Hand glich er dem heiligen Georg, der einst einen Drachen getötet hatte und im Dorf große Verehrung genoss. Nicht nur hatte jede Familie einen ihrer Söhne nach dem heiligen Ritter genannt, auch die katholische Kirche am Dorfplatz trägt bis heute noch seinen Namen, obwohl der Papst längst dem Ritter seine Heiligkeit abgesprochen hatte. Das ist aber eine andere Geschichte.

Die herumstehenden Bauern sahen also in dem Reiter die leibhaftige Antwort auf ihre Fragen. Viele begleiteten den Bauern mit ihren Gebeten, einige jedoch versuchten flehend, ihn zurückzuhalten. Der Mann aber schaute ins Weite, als hörte er ihre Bitten nicht. Er gab seinem Pferd die Sporen und preschte hinaus auf die Felder. Nur Hilal saß am Bach, als hätte das Treiben auf dem Dorfplatz keinen Eindruck auf ihn gemacht. Er war damit beschäftigt, eine große Papiertüte zum Fliegen zu bringen. Sie fiel aber immer wieder kraftlos zu Boden, und Hilal blies sie geduldig wieder auf.

Am späten Nachmittag kam das Pferd verschreckt ins Dorf galoppiert. Die Frauen schlugen schreiend ihre Hände vors Gesicht. Ein Gendarm zügelte das durchgegangene Pferd und nach einer Weile kam auch der Bauer ins Dorf gehinkt. Seine Kleider waren zerrissen, seine Hände und sein Gesicht mit Schürfwunden übersät. Er erzählte von seinem wilden Kampf mit dem Drachen und wäre beinahe in die Geschichte des Dorfes als der mutigste Held aller Zeiten eingegangen, wenn nicht zwei Männer, der Tischler und der Schlosser, ihm gefolgt wären.

Sie erzählten, dass der Ritter das ängstliche Pferd, je näher es dem Drachen kam, nicht mehr halten konnte. Kurz vor dem Feld, in das der Drache eingefallen war, hielt das Pferd, störrisch wie ein Maulesel, an. Der Drache schaute gelangweilt auf die beiden Störenfriede, furzte kurz und schleuderte den stolzen Ritter kopfüber von seinem furchtsamen Ross. Der Bauer war wie ein Stein über den Boden gerollt, und nachdem er sich hochgerappelt hatte, war er mit seinen Hautabschürfungen und in zerrissenen Kleidern eilig von dannen gehumpelt.

Erst im Dunkeln brauste der letzte Bus hupend ins Dorf. Von dem Krach aufmerksam gemacht, rannten viele Kinder hinter ihm her. Der Busfahrer liebte es, auf den letzten Metern noch einmal Vollgas zu geben und direkt auf eine Hausmauer am Ende des Dorfplatzes zuzurasen. Erst kurz davor bremste er dann scharf mit quietschenden Reifen, als wollte er seinen Fahrgästen noch einen atemberaubenden Abschluss der ansonsten monotonen und langweiligen Fahrt von der Hauptstadt nach Malula bieten. Der Bus wirbelte dabei eine riesige Staubwolke auf, die langsam auf die gespannt Wartenden herabsank.

Als Erster stieg der Bürgermeister aus, hinter ihm folgten der Priester und der Scheich. Als Letzter zwängte sich der dickliche Vorsteher der Gendarmerie, Said, durch die Tür. Ein alter Bauer fragte Scheich Aref, was den Bürgermeister so lange in der Hauptstadt gehalten habe, aber weder der Scheich noch die anderen Begleiter des Bürgermeisters schienen Lust zu haben, auf die

Fragen der besorgten Bauern zu antworten. »Morgen!«, schnauzte der Bürgermeister den neugierigen Gemüsehändler an. »Morgen werdet ihr es erfahren.«

In jener Nacht schlief ich unruhig und wachte in der Morgendämmerung von einem Traum aufgeschreckt auf. Draußen war es noch etwas dunkel. Meine Schwestern und mein jüngerer Bruder schliefen fest. Ich schlich auf Zehenspitzen auf die Terrasse hinaus. Eine ungewöhnliche Stille lastete schwer über den Dächern und Straßen von Malula. Die Pappelbäume entlang des Baches schienen verzweifelt ihre Arme nach den Spatzen zu recken, die sonst in dieser frühen Stunde der Dämmerung einen höllischen Lärm veranstalteten und sich munter im klaren Wasser tummelten. Weit und breit sah ich keinen einzigen Bauern, der seinen Esel oder sein Maultier am Bach getränkt hätte, um noch in der Kühle des Morgens seine Arbeit auf dem Feld aufzunehmen. Das Wasser floss ins Tal hinein, das Plätschern hörte sich wie Gemurmel an, wie flehendes Geflüster, als wollte der Bach den Bauern erklären, wie wertvoll sein verlorenes Wasser sei.

Von den fernen Feldern drang das Geklapper leerer Dosen, als vertrieben sie sich auf den Vogelstangen ihre Langeweile statt der Vögel, die sich nirgends blicken ließen. Seit Tagen hatten wir keinen Hahn mehr krähen gehört. Als hätte ein Traum auch sie aus den Betten geworfen, hockten einige Bauern schweigsam neben dem Gemüseladen. Nur Hilal schien an diesem frühen Morgen von Unruhe gepackt zu sein. Er ging mit eiligen Schritten über den Dorfplatz, blieb für eine Weile stehen, kratzte sich am Kopf und trottete nachdenklich auf die Terrassenfelder hinaus. Dort warf er einen Stein und raste auf den Dorfplatz zurück, wo er sich schwer atmend hinter der alten Trauerweide am Bach versteckte, als fürchte er, dass sein Stein den Drachen auf ihn hetzen würde. Tanius, der Gemüsehändler, brachte Tee für die Bauern, die vor seinem Laden hockten. Hilal kam aus seinem Versteck heraus und wühlte in einem Müllhaufen. Mit langsamen Schritten kam er auf den Laden von Tanius zu, vor den auch ich mich gehockt hatte und wo ich den warmen Tee, die Erwachsenen nachahmend, laut und genüsslich schlürfte.

»Na, Hilal, willst du auch einen Tee?«, fragte Tanius den Dorftrottel, der eine Papiertüte aus dem Müll gelesen hatte. Er blies die Tüte zu einem Ballon auf und starrte lange einen der Bauern an, der gerade seine Zigarette anzündete.

»Feuer!« Hilal streckte plötzlich seine verschmutzte Hand dem Bauern entgegen. Dieser zögerte einen Augenblick und warf ihm dann seine Streichholzschachtel hin. Hilal kniete nieder, zündete die Papiertüte an und warf sie in die Luft. Die brennende Tüte segelte zu Boden.

»Der Ballon fliegt«, flüsterte Hilal entrückt. Seine Augen glänzten in seinem lächelnden Gesicht. Ein Bauer zertrat das brennende Papier.

Gegen zehn Uhr tauchte der Bürgermeister auf. Flankiert vom Scheich, dem Pfarrer und Gendarmeriechef ging er über den belebten Dorfplatz zum Friseur. Wie eine Bienentraube klebten die Erwachsenen an der Tür des Friseurladens, und ich hatte große Mühe, mich bis zur Tür durchzuwühlen.

»... Und ein großes Gitter sperrt das Tal ab. Malula hat seine Sensation. Wo gibt es sonst auf der Welt einen

Drachen zu sehen. Die Touristen werden in Scharen kommen und mit ihnen das große Geld. Sie werden Eintritt bezahlen, und wir brauchen bloß dazusitzen und zu kassieren. Dem Vieh werden wir mit einem Bruchteil des Geldes genug Futter zum Fressen kaufen können«, erklärte der Bürgermeister. Das ernste Gesicht seiner Reisebegleiter zeigte, dass sie einverstanden waren. Der Friseur und der reiche Schäfer Mustafa waren sich zum ersten Mal einig. Sonst konnte Mustafa den redseligen, als Städter herausgeputzten Friseur nie besonders leiden. Sie stimmten dem Bürgermeister Kopf nickend zu.

Tanius war begeistert, endlich einmal in diesem verfluchten Dorf Leute mit Geld zu sehen. Er sagte, er würde dann kein Gemüse mehr verkaufen, sondern nur noch Tierfutter, damit könnte er endlich Geld scheffeln. Er hätte gelesen, dass die Touristen aus Ländern kämen, in denen man die Tiere mehr liebt als die Kinder.

Nur einigen Bauern gefiel diese fortschrittliche Idee nicht. »Es ist ja klar, dass ihr das gut findet. Aber ihr lebt ja nicht von euren Feldern! Was sollen wir tun? Schuhe putzen vielleicht oder Diener werden für die Touristen?«

Ruhig erklärte der Bürgermeister, dass die Touristen feine Leute seien mit viel Geld. Aber die Bauern von Malula waren schon immer stur. Sie lehnten den Vorschlag ab. Mein Vater war hin- und hergerissen, er rechnete sich durch den neuen Plan auch einen Profit aus. Aber meine Mutter sagte ihm beim Mittagessen, dass der Bürgermeister ihrer Meinung nach schon ziemlich verkalkt sei.

Nach dem Mittagessen gingen wir wieder zum Dorfplatz, der genau wie am Vormittag überfüllt war. Der Streit um das eine Thema wurde immer heftiger: für oder gegen den Vorschlag des Bürgermeisters. Von Stunde zu Stunde überzeugte der Bürgermeister mehr Bauern, dass sie genug unter der sinnlosen Feldarbeit gelitten hätten, und wenn die Touristen tatsächlich kämen, sie reich und glücklich werden könnten wie die Bauern von Spanien.

Die Feldarbeiter von Malula kannten natürlich keinen einzigen spanischen Bauern, aber der Bürgermeister erzählte ihnen, dass die Bauern in Spanien nur noch Geld kassieren. Den ganzen Tag lang hauen sie die Touristen übers Ohr, verkaufen ihnen Zuckerwasser als Wein und heimsen so, ohne zu arbeiten, das Geld ein.

Ein alter Bauer schob die um den Bürgermeister Versammelten beiseite. »Ja, warum nicht?« Er lachte laut. »Und du machst einen Bauchtanz vor ihnen und wackelst mit dem Arsch.« Plötzlich sprang Hilal laut auflachend in die Mitte des Kreises. Er klatschte in die Hände, drehte sich, stieß einen lustvollen Schrei aus und wackelte mit dem Hintern vor dem Bürgermeister herum. Der alte Bauer hob seinen Stock und folgte Hilal auf Schritt und Tritt.

»Verfluchter Hurensohn!« Der Bürgermeister sah die Wirkung seiner Erzählung über Spanien vernichtet. Er wollte Hilal treten, aber dieser wich ihm geschickt aus. Der Bürgermeister traf ungewollt den hinter Hilal stehenden Pfarrer Markus in den Bauch. Das dumme Gesicht des Gemeindevorstehers und das des jaulenden Pfarrers ließen die Bauern des Dorfes für einen kurzen Augenblick ihren Kummer vergessen.

Als ich am nächsten Tag aufwachte, war meine Mutter schon längst aufgestanden. Sie saß mit der alten Schneiderin Aischa auf unserer kleinen Terrasse, trank ihren Kaffee und lästerte wieder über den Bürgermeister. Ich sah Hilal unten am Bach sitzen. Mit dünnen Drähten befestigte er eine kleine Büchse an einer Papiertüte.

»Habt ihr Feuer?«, rief er uns zu. Meine Mutter warf ihm eine Streichholzschachtel zu. Er zündete den Inhalt der Büchse an. Starker, rußiger Rauch stieg in die Tüte. Es roch widerlich, aber plötzlich fing das Gebilde an, sachte über dem Boden zu schweben.

Hilal starrte sein Werk an. »Der Drache muss fliegen«, rief er.

Meine Mutter umfasste die Hand ihrer Freundin Aischa. »Schau dir das an, der fliegt.«

Aischa schaute auf die Tüte und kniff einen Augenblick ungläubig ihre kleinen Augen zu. Der kleine Heißluftballon schwebte an uns vorbei und bekam leichten Auftrieb, dann fing die Tüte Feuer, und das Gebilde stürzte zu Boden.

»Genau das wird den Drachen forttragen«, rief Aischa glücklich, und die beiden Frauen eilten zum Friseurladen, wo Pfarrer Markus gerade versuchte, die stursten Bauern zu beschwichtigen, die trotz der langen Reden des gewitzten Bürgermeisters niemandem erlauben wollten, einen Zaun um ihre Felder zu ziehen. Sie waren nur wenige, aber sie waren entschlossen, jeden umzubringen, der ein Gitter aufstellen wollte.

»Der Drache muss fliegen!«, rief die alte Aischa laut.

»Wie soll er fliegen, er hat doch keine Flügel mehr«,

widersprach der Pfarrer höflich, aber fast verzweifelt.
»Mit einem Heißluftballon. Der Drache spuckt doch Feuer, und wenn wir einen Ballon aus Stoff nähen, dann wird er fliegen.«

»Aber woher sollen wir so viel Stoff in unserem ärmlichen Dorf bekommen«, meldete sich der reiche Schäfer mit krächzender Stimme.

»Jeder hat doch eine Hose, ein Hemd oder einen Vorhang, den er entbehren kann!«, antwortete meine Mutter.

»Also, liebe Frau, meine Hose will ich nicht ausziehen!«, witzelte der Friseur.

Aischa blickte ihn zornig an. Ihre Blicke wirkten wie brennende Peitschenhiebe, die den Friseur ins Gesicht trafen. Sein Lächeln erstarb. Aischa war sehr angesehen im Dorf. Wenn sie redete, konnte kein Mann, nicht einmal der Bürgermeister, widersprechen.

Am Nachmittag eilten viele der ärmsten Bauern mit Bündeln ihrer gesammelten Kleider, Bettlaken und Vorhänge herbei und am späten Abend lag ein beachtlicher bunter Hügel in der Mitte des Dorfplatzes. Aischa gab die Anweisungen und die Frauen nähten Hosen an Hemden und diese an Bettlaken. Immer mehr Bauern brachten ihre wenigen Kleider zum Dorfplatz.

Eine alte Frau, deren steife Finger keine Nadel mehr halten konnten, erzählte die ganze Nacht spannende Geschichten, damit die Frauen nicht müde wurden.

Mir schien das ganze Dorf Kopf zu stehen. Drei Tage und drei Nächte werkelten die Frauen einträchtig. Die Männer mussten kochen und die Kleiderbündel heranschaffen. Wer müde war, schlief auf seinem Platz ein. Ganz Malula lebte nur noch auf dem Dorfplatz.

Hilal wurde von allen verwöhnt, er bekam sämtliche Ballons, die im Dorf aufzutreiben waren, aber sie schienen ihn mit all ihren Prachtfarben nicht mehr zu interessieren. Er warf uns lächelnd die Ballons zu, und mit den Augen hielt er nur den einen fest, seinen großen Ballon, der den Drachen wegtragen sollte.

Als der Ballon fertig war, wurde ein großer Ring aus Ästen und Zweigen geflochten und an seiner Öffnung befestigt. Eine große Schlinge hing fest an vier starken Seilen.

Im Morgengrauen des nächsten Tages zogen die Menschen zum Dorf hinaus. Sie trugen den zusammengerollten Ballon auf ihren Schultern und gingen auf dem schmalen Pfad durch die Terrassenfelder. Auch wir Kinder durften ihnen folgen.

Heißer Dampf strömte aus den großen Nüstern des Drachen. Kleine Flammen züngelten aus dem leicht geöffneten Maul. Die Männer entrollten leise den Ballon, zwei Frauen hielten vorsichtig die Ringöffnung über den Dampf. Langsam blähte sich der Ballon auf.

Die beiden mutigsten Bauern schlichen zum Drachen, um die Schlinge am Hals des Ungeheuers zu befestigen. Es schlief aber fest und die Männer konnten unbehelligt die Seile verknoten. Der Ballon wurde immer dicker und bald hob sich sein Ende langsam vom Boden ab. Als die ersten Sonnenstrahlen vom hohen Berg in das Tal fielen, wachte der Drache auf. Die Leute um ihn herum sprangen zurück, doch der Drache hatte nur Augen für das riesige Ding vor seiner Nase. Wütend spie er Feuer direkt in das Balloninnere. Das verstärkte den Auftrieb und der Ballon stand bald aufrecht über dem Kopf des Ungeheuers. Wütend versuchte der Drache, sich am Boden festzukrallen, und spie unentwegt riesige Flammen in den Ballon. Mit einem kräftigen Schub hob der Ballon den Drachen in die Lüfte und stieg hoch hinauf, bis er sich als kleiner bunter Punkt im Blau des Himmels verlor.

Vom Lachen und anderen Erfrischungen

Die Homsianer

Vor langer, langer Zeit hatten die Homsianer einen guten Ruf. Weltweit galten sie als besonders gescheit und schlau. Könige, Handwerker, Bauern und Händler holten sich bei den Homsianern Rat. Die Stadträte, gewitzt, wie gute Händler nun mal sind, beschlossen, Geld für ihre Ratschläge zu verlangen. Eine Stelle im Rathaus nahm die Fragen entgegen, gab sie an die Gescheitesten der Stadt weiter, holte die Antworten ein und verlangte von den Rat Suchenden einen festen Preis. Für Gemüseanbau kostete der Rat zehn Goldstücke und für ein glückliches Leben gar hundert. Nur Kinder bekamen die Antwort auf alle ihre Fragen kostenlos.

Die Kunden standen Schlange, und das Geld, das eingenommen wurde, verwendete der Rat der Stadt für den Bau von Straßen, Schulen und öffentlichen Bädern. Homs erblühte zu einer Perle der Städte.

Jahr für Jahr stellten sich einige der gescheitesten Leute zur Wahl des Bürgermeisters. Die Homsianer versammelten sich auf dem größten Platz der Stadt und feierten den ganzen Tag. Sie sprachen miteinander über ihre Probleme, tranken und aßen. Gegen Abend stieg ein Kandidat nach dem anderen auf eine kleine Tribüne, aber nicht, um eine schöne Rede zu halten, sondern um den Männern und Frauen Antworten auf deren Fragen zu geben. Die Versammelten hörten sich aufmerksam die Antworten an. Spät in der Nacht trafen sie dann ihre Entscheidung. Die Homsianer feierten mit den Verlierern und wünschten dem Sieger Geduld; denn um kluge Bürger zu regieren, braucht man vor allem Geduld.

Eines Tages wollte ein Lehrer Bürgermeister werden. Er stieg auf die Bühne und beantwortete ruhig und weitsichtig alle Fragen. Er hatte eine gute Chance, sein Ziel zu erreichen, bis ein Kind ihm eine Frage stellte. Darüber geriet er in Zorn, denn er war Lehrer, und manche Lehrer lassen sich nicht gerne von ihren Schülern prüfen. Er weigerte sich also, die Frage des Kindes zu beantworten, was ihm die Homsianer sehr verübelten.

»Wenn er die Fragen unserer Kinder nicht beantworten will, wie kann er dann ihre Probleme verstehen?«, murmelten viele und entschieden sich für einen Metzger, der viel geduldiger war.

Voller Groll verließ der Lehrer die Stadt. Er entschloss sich, den König des Nachbarreiches aufzusuchen, der berühmt wegen seiner unstillbaren Gier auf die Ländereien der benachbarten Reiche war. Doch trotz seiner vielen Kriege gegen seine Rivalen war er nicht mächtiger geworden.

»Der Orontes, Majestät, das ist der Grund«, sagte der Lehrer vor dem König kniend. »Der Fluss ist verzaubert, und wer sein Wasser trinkt, wird klug und weise.

Er ist der einzige Fluss weit und breit, der vom Süden in den Norden fließt.«

Der Lehrer traf mit seinen Worten eine alte Wunde des Königs, denn der Herrscher glaubte seit langer Zeit, dass seine Minister, Offiziere und Soldaten die dümmsten seien; wie sonst sollte er seine Misserfolge erklären. Er wunderte sich insgeheim darüber, wie er selbst nur hatte übersehen können, dass der Orontes tatsächlich vom Süden in den Norden fließt.

Alle Flüsse der Gegend nehmen ihren Lauf vom Norden in den Süden. Der Euphrat und der Tigris sind die größten, aber auch viele kleinere Flüsse fließen, der Regel der Natur gehorchend, vom Norden nach Süden. Nur der Orontes trotzt diesem Gesetz.

»Wie konnte ich bloß übersehen«, fragte sich der König, »dass der Orontes im Volksmund der Rebell heißt?« Wütend über seine eigene Dummheit schaute er den Lehrer an und überlegte, dass dieser kluge Verräter das Geheimnis auch an andere Könige verkaufen könnte.

Und so grausam, wie Könige nun mal sind, ließ er den Lehrer den Löwen zum Frühstück vorwerfen.

Danach blies der König seine riesige Armee zusammen und zog in den Krieg gegen die Stadt Homs. Er fürchtete insgeheim eine Niederlage, weil seine Generäle ihm davon abgeraten hatten, die Stadt der Gescheiten anzugreifen. Aber der König war entschlossen und gab den Befehl zum Abmarsch. Als er Homs erreichte, wunderte er sich, dass ihm keine Armee entgegentrat. Die Homsianer waren weise, sie brauchten keine Streitkräfte.

Der König zog durch das offene Haupttor in die Stadt

ein und staunte über die Menschen, die die Straßen säumten. Sie lachten über die schwitzenden Soldaten, die trotz des Hochsommers ihre schweren, gepanzerten Uniformen trugen. Als die Homsianer erfuhren, was der König wollte, wälzten sie sich gar vor Lachen.

»Soll er doch den Fluss leer saufen, er wird nur dümmer!«, riefen sie den erschöpften Männern des Königs zu. Der König ließ das Lager am Fluss aufschlagen und gab den Soldaten den strengen Befehl, nur noch Brot und das Wasser des verzauberten Flusses zu sich zu nehmen.

»Bei Wasser und Brot zu sitzen ist ja schlimmer als im Gefängnis«, riefen die Homsianer belustigt, und nach einem Tag wiederholten die Soldaten diesen Spruch.

»Euch steht das Wasser ja bis zum Hals«, lachten die Homsianer am dritten Tag, und die Soldaten verstanden es, denn sie fühlten sich mit ihren aufgeblähten Bäuchen bereits wie wandelnde Flaschen. Nach ein paar Tagen hatten viele Soldaten Durchfall und die Nase voll. Sie jagten ihren König zum Teufel und zogen blass und entkräftet in ihre Heimat zurück.

Alsbald sprach sich das Geheimnis des rebellischen Flusses herum und jeder König der benachbarten Reiche suchte sein Glück am Ufer des verzauberten Orontes. Die Homsianer fanden dies nach einiger Zeit aber nicht mehr lustig. Die Felder wurden zertrampelt, und das Wasser reichte nicht mehr, um die Felder zu bewässern.

So beschwerten sich die Homsianer bei ihrem Bürgermeister. Dieser berief sofort den Stadtrat zu einer wichtigen Sitzung ein und stellte eine knappe, seitdem bekannt gewordene Frage: »Was tun?«

Ein Chemiker schlug vor, Gift ins Wasser zu kippen, aber der Bürgermeister winkte ab.

Der Priester besann sich lange und rief plötzlich: »Die schönste Frau sollten wir dem Orontesgott opfern, damit er das Wasser umgekehrt fließen lässt.«

Der Bürgermeister zog die Augenbrauen zu einem vernichtenden Blick zusammen und der Priester sank in seinem Stuhl zusammen.

Ein Bauunternehmer brachte den Vorschlag ein, hohe Mauern um Homs zu bauen.

Der Bürgermeister war mit seinem Stadtrat überhaupt nicht zufrieden.

»Wir verkaufen den anderen weise Ratschläge, aber wenn es um uns geht, kommt ihr mit so dummen Lösungen«, sagte er vorwurfsvoll.

Traurig ging er nach Hause. Er wollte weder essen noch trinken. Der Kummer der Bauern quälte ihn, denn er war ein guter Bürgermeister, dieser Metzger. Die Sorgen seiner Stadt nahm er sich so zu Herzen, dass er nicht schlafen konnte.

Als die Hähne krähten, hörte der Bürgermeister endlich auf, im Zimmer hin und her zu laufen. Er schloss die Tür leise auf, damit er seine schlafende Frau nicht weckte, und ging zum Flussufer.

In der Morgendämmerung lag das Heer noch im Schlaf. Einige Soldaten schoben Wache, da sie aber nichts zu befürchten hatten, setzten sie sich um ein kleines Feuer herum und lachten über einen Verrückten der Stadt Homs, der im Fluss stand und mit einem Eimer das Wasser gen Süden schüttete, als wollte er den Fluss mit dem Eimer zur Umkehr zwingen. Der Bürgermeister beobachtete lange den Verrückten. Plötzlich erhellte sich sein Gesicht. »Ich habe es!«, rief er laut durch die Straßen und Gassen. Die Markthändler, die gerade ihre Kisten auf dem Rathausmarkt aufbauten, wunderten sich über ihren Bürgermeister, der immer wieder »Ich habe es!« rief und atemlos ins Rathaus rannte. Nach ein paar Minuten eilte der Hausmeister über den Platz und berichtete den Neugierigen hastig: »Eine wichtige Sitzung. Die Stadträte müssen kommen, der Bürgermeister hat die Lösung gefunden.«

Verschlafen und mürrisch hörten die zwölf Abgeordneten der Stadtbezirke den Plan des glücklichen Vorsitzenden.

»Wir werden verrückt!«, sprach dieser langsam und entschlossen.

Zuerst dachten die Räte, er wäre wirklich verrückt geworden, aber als der gescheite Bürgermeister seinen Plan erklärte, lachten sie laut und spendeten lebhaft Beifall.

Von Haus zu Haus und Straße zu Straße ergingen die Anweisungen. Und der Tag neigte sich noch nicht seinem Ende, als alle Homsianer Bescheid wussten.

Am nächsten Tag zog die ganze Stadt, die alten und die jungen Homsianer, lärmend zum Fluss. Sie sangen und klatschten. Jeder von ihnen hielt einen Löffel in der Hand. Am Fluss angekommen, stürzten sie sich sogleich in das flache Wasser, schöpften es mit ihren Löffeln und schleuderten es gen Süden.

»Was machen die denn?«, fragte der König erregt. Er traute seinen Augen nicht.

»Wir wollen den Fluss umleiten«, antworteten die Homsianer im Chor.

»Mit den Löffeln? Sind die denn alle verrückt geworden?«, staunte der König. Als er aber sah, dass viele seiner Soldaten sich zu den Homsianern gesellten, um ihnen mit ihren Löffeln zu helfen, ließ er schnellstens zum Abmarsch blasen.

Wenige Tage später reiste bereits der nächste König von weit her an, doch das, was er sah, erschreckte ihn so sehr, dass er nicht einmal sein Lager aufschlagen ließ. Unzählige Homsianer standen mitten im Fluss und schälten Zwiebeln und Kartoffeln. Sie legten die Schalen behutsam auf das Wasser, das sie davontrug.

»Was macht ihr denn?«, fragte der König entsetzt.

»Wir bauen einen Damm!«

»Einen Damm aus Zwiebel- und Kartoffelschalen?«

»Na klar! Wenn die Schalen zu Früchten werden und die Früchte zu Zwiebel- und Kartoffelbäumen heranwachsen, bilden die breiten Stämme der Bäume einen Damm«, rief der Bürgermeister und lachte.

»Nein, hier bleiben wir nicht! Reingelegt hat man uns, um uns verrückt zu machen!«, rief der König zornig und gab den Befehl zum Rückzug.

Ein paar Monate hatten die Homsianer Ruhe, aber dann, es war an einem Dienstagabend, sahen sie in der Ferne Staubwolken. Alle wussten, dass wieder einmal ein König auf dem Weg nach Homs war. Die berittene Armee würde schon am nächsten Vormittag die Stadt erreichen.

»Diesmal schlagen wir sie vor den Toren der Stadt!«, rief der Bürgermeister auf dem Rathausplatz.

In ihren festlichen Kleidern feierten die Homsianer am frühen Morgen des nächsten Tages auf der großen Wiese vor dem Haupttor der Stadt. Sie tranken, tanzten und waren ziemlich ausgelassen.

»Was ist denn hier los?«, fragte der König empört.
»Seht ihr nicht, es ist Krieg!«
»Heute ist Sonntag, und wir führen am Sonntag keine Kriege, tut mir Leid!«, lallte ein alter Homsianer.
»Es ist doch heute nicht Sonntag«, brüllte der Mathematiker des Königs. Er holte einen Taschenkalender heraus. »Hier steht es! Heute ist Mittwoch!«
»Ja, aber der Mittwoch ist in Homs Sonntag«, erwiderte der alte betrunkene Mann.
»Und was ist dann der Sonntag?«, belustigte sich der König.
»Ein Sonntag«, antwortete der alte Homsianer.
»Ist jeder Tag Sonntag in Homs?«, wollte der König wissen.
»Nein, das nicht«, antwortete der alte Mann ernst.
»Was ist denn der Montag?«
»Der Montag ist Mittwoch in Homs«, erklärte der Mann.
»Und der Dienstag?«, fragte der Mathematiker verwirrt.
»Ganz klar, nach dem Mittwoch kommt Freitag!«, sagte der alte Homsianer bestimmt.
»Das gibt es doch nicht! Und wie nennt ihr den Donnerstag?«
»Den Donnerstag gibt es in Homs nicht, dieser Tag ist leer.«
»Und der Samstag?«
»Der bleibt ganz klar ein Samstag.«
»Also noch mal«, sagte der König und kratzte sich am Kopf, »der Montag ist Mittwoch und der Dienstag Freitag, der Mittwoch ist Sonntag, dann kommt ein leerer Tag, dann folgt ... ja, was ist denn der Freitag?«

»Freitag ist Dienstag, Eure Majestät!«, ergänzte der alte Mann leise.

»Ja, gewiss, Freitag ist Dienstag, und der Samstag ist Samstag, dann folgt der zweite Sonntag. Und was ist heute für ein Tag?«

»Der Mittwoch, Euer Ehren!« Der Mathematiker rang verzweifelt die Hände.

»Das ist aber Sonntag, du Idiot!«, brüllte der König seinen Mathematiker an.

»Aber, Euer Majestät, der kommt erst nach Samstag«, widersprach der Mathematiker leise.

Die Soldaten kümmerte der Streit bereits nicht mehr. Sie hatten den Mittwoch zum Sonntag erklärt, ihre Waffen zu Boden geworfen und waren zu den Homsianern übergelaufen, um gemeinsam mit ihnen zu feiern. Als der König das merkte, machte er sofort kehrt.

Die Homsianer jedoch hatten von da an Ruhe und konnten wieder ihre Felder bestellen, denn es hatte sich schnell bei den Königen herumgesprochen, dass das Wasser des Flusses die Bewohner der Stadt verrückt gemacht hatte.

Der E-Furz

Der Saal der Stadtbibliothek war zum Bersten voll. G. ist ein berühmter Autor. Welche Art von Literatur er schreibt, wird einem bereits durch die Ernstigkeit seines bekannten Isolde-Ohlbaum-Porträts deutlich gemacht. Der Schriftsteller schaut, als hätte ihm die Fotografin gesagt: »Tut mir Leid, dies ist Ihr letztes Foto. Gerade wurde eine Atomrakete auf Deutschland abgefeuert!«

Zur Begrüßung lobte die Bibliothekarin das Werk des Autors, seine Ernsthaftigkeit und Schwere, die ihn zum angesehensten Vertreter der E-Literatur machten. Ihre Worte ließen keinerlei Freude anklingen. Bleischwer erdrückten sie das letzte Lächeln, das noch erwartungsvoll auf den Gesichtern tanzte.

Mit bedeutungsvoll tiefer, von Trauer getragener Stimme begann der Autor seinen Text zu lesen. Er handelte vom Vater, einem preußischen Offizier. Ein heftiger Streit zwischen Vater und Sohn braute sich zusammen, und gerade als der Autor mit lauter Stimme die Worte »nur mit Pflicht und Verantwortung« sprach, entfuhr ihm ein mächtiger, tosender Furz.

Die bleierne Stille zerriss. Der Autor verstummte. Langsam hob er den Kopf und schaute das Publikum an wie vorzeiten die Fotografin. »Ich hätte die Zwiebel nicht essen sollen!«, murmelte er. Ein Lachen kollerte frech von Mund zu Mund und schwoll zu einem Gelächter an, das den Saal erschütterte und nicht enden wollte. Einer rief aus der hintersten Reihe: »Ich hätte die Bohnen nicht essen sollen!«, und ließ einen zweiten Furz hören, der den Vergleich mit dem ersten nicht zu scheuen brauchte. Der Abend war gelaufen. Der Autor unternahm drei Versuche, seinen hochliterarischen Text doch noch vorzutragen, aber die Leute lachten.

»Sie sollten jetzt etwas Heiteres lesen!«, soufflierte die erfahrene Bibliothekarin ihrem angebeteten Gast. Aber Heiteres hatte G. immer verpönt. Wütend verließ er den Saal, was die Leute noch mehr lachen ließ.

Und ich fragte mich, woher ein Furz die magische Kraft erhielt, einen Autor von Rang hinwegzublasen. Ich fand nur die eine Antwort: Das muss ein Furz der E-Klasse gewesen sein.

Andere Sitten

In Damaskus fühlt sich jeder Gastgeber beleidigt, wenn seine Gäste etwas zu essen mitbringen. Und kein Araber käme auf die Idee, selber zu kochen oder zu backen, wenn er bei jemandem eingeladen ist. Die Deutschen sind anders. Wenn man sie einlädt, bringen sie stets etwas mit: Eingekochtes vielleicht oder Eingelegtes, manchmal auch selbst gebackenen Kuchen und in der Regel Nudelsalat. Warum Nudelsalat, mit Erbsen und Würstchen und Majonäse? Auch nach zweiundzwanzig Jahren in Deutschland finde ich ihn noch schrecklich.

In Damaskus hungert ein Gast am Tag der Einladung, weil er weiß, dass ihm eine Prüfung bevorsteht. Er kann nicht bloß einfach behaupten, dass er das Essen gut findet, er muss es beweisen, das heißt, eine Unmenge davon verdrücken. Das grenzt oft an Körperverletzung, denn keine Ausrede hilft. Gegen die Argumente schüchterner, satter oder auch magenkranker Gäste halten Araber immer entwaffnende, in Reime gefasste Erpressungen bereit.

Deutsche einzuladen ist angenehm. Sie kommen

pünktlich, essen wenig und fragen neugierig nach dem Rezept. Ein guter arabischer Koch kann aber gar nicht die Entstehung eines Gerichts, das er gezaubert hat, knapp und verständlich beschreiben. Er fängt bei seiner Großmutter an und endet bei lauter Gewürzen, die kein Mensch kennt, weil sie nur in seinem Dorf wachsen und ihr Name für keinen Botaniker ins Deutsche zu übersetzen ist. Die Kochzeit folgt Gewohnheiten aus dem Mittelalter, als man noch keine Armbanduhr hatte und die Stunden genüsslich vergeudete. Ein unscheinbarer Brei braucht nicht selten zwei Tage Vorbereitung, und das unbeeindruckt von aller modernen Hektik.

Deutsche Gäste kommen nicht nur pünktlich, sie sind auch präzise in ihren Angaben. Wenn sie sagen, sie kommen zu fünft, dann kommen sie zu fünft. Und sollten sie wirklich einmal einen sechsten Gast mitbringen wollen, telefonieren sie vorher stundenlang mit dem Gastgeber, entschuldigen sich dafür und loben dabei die zusätzliche Person als einen Engel der guten Laune und des gediegenen Geschmacks.

So großartig Araber als Gastgeber sind, als Gäste sind sie dagegen furchtbar. Sie sagen, sie kommen zu dritt um zwölf Uhr zum Mittagessen. Um sieben Uhr abends treffen sie ein. Und vor Begeisterung über die Einladung bringen sie Nachbarn, Cousins, Tanten und Schwiegersöhne mit. Aber das bleibt ihr Geheimnis, bis sie vor der Tür stehen. Sie wollen dem Gastgeber doch eine besondere Überraschung bereiten. Einmal zählten wir in Damaskus eine Prozession von 29 Menschen vor unserer Tür, als meine Mutter ihre Schwester eingeladen hatte, um mit ihr nach dem Essen in Ruhe zu reden.

Ein leichtfertiges arabisches Sprichwort sagt: Wer vierzig Tage mit Leuten zusammenlebt, wird einer von ihnen. Seit über zweiundzwanzig Jahren lebe ich inzwischen mit den Deutschen zusammen, und ich erkenne Veränderungen an mir. Aber die Mitbringsel der Gäste? Wein kann ich inzwischen annehmen, aber Nudelsalat – niemals.

Kebab ist Kultur

pro Mahmud
contra McDonald's

Etwa fünfhundert Meter von unserem Haus entfernt, dort, wo unsere Gasse in die belebte Verkehrsstraße mündete, lag der Laden des Metzgers Mahmud. Sollte er je erfahren, dass ich ihn »Metzger« genannt habe, würde er wütend auf alle Heiligen schimpfen, die einen niederträchtigen Dummkopf, der ihn so herabsetzt, nicht gründlich bestrafen. Die anderen Metzger in unserer Gegend begnügen sich mit dieser nüchternen Berufsbezeichnung, nicht aber Mahmud.

Ein kleiner Schuppen diente ihm als Laden, aber es ist nicht übertrieben, wenn man ihn als den schönsten Laden von Damaskus bezeichnet. Über dem Eingang hing ein buntes Schild mit Mahmuds Namen und dem deutlichen Hinweis auf seinen einzigartigen Kebab. In dem länglichen Raum waren entlang der rechten Wand zwei Tische mit sechs Stühlen aufgestellt; gegenüber stand die lange Fleischerbank. Dazwischen war gerade genug Platz für einen schmalen Gang. Über Mahmuds Arbeitsplatz waren mehrere Regale aufgehängt, auf denen Gläser mit sauer eingelegten Gurken und Gemüsen, Gewürzgläser und Teller, Gläser und Tonkannen aufgestellt waren. Am Ende des schmalen Gangs stand ein prachtvoll geschmückter Kühlschrank. Seine Tür war über und über mit Blumen und Palmenbildern beklebt. Ein Spruch in geschwungener Schrift gegen neidische Blicke war die Krönung dieses Schmucks: »Des Neiders Auge soll erblinden!« Der Kühlschrank war ein alter Kasten, der noch mit Eisblöcken gekühlt wurde, aber er war Mahmuds ganzer Stolz.

»Bei mir wird das Fleisch natürlich gekühlt! Diese neumodischen elektrischen Kühler zerfetzen das Fleisch, da kann man gleich gekochte Gurken fressen. Sie schmecken genauso, nämlich nach gar nichts«, pflegte er Kunden entgegenzuschmettern, die die Unverfrorenheit hatten, ihm von den neuen Tiefkühltruhen seiner Konkurrenten vorzuschwärmen.

Links neben der Eingangstür hing das frische Hammelfleisch, und unmittelbar daneben stand das stolze Stück, das Mahmud so erhaben über alle anderen Metzger machte, sein Grill. »Ich bin ein Kebabkünstler«, brüstete er sich, wenn ein Spaßvogel ihn aufziehen wollte und ihn nach seinem Beruf fragte. Wer fragt denn schon einen Bäcker mitten in seiner Bäckerei nach seinem Beruf!

»Ich bin der einzige Kebabkünstler, der seinen Kebab frisch und vor den Augen der Kunden zubereitet. Die anderen nehmen irgendwelche Reste und überwürzen sie nur noch kräftig. Und so etwas servieren sie als Kebab! Das ist kein Kebab, das ist eine Beleidigung!«

Mahmud konnte stundenlang über seine Spezialität reden. Auch wenn die Nachbarschaft nicht oft bei ihm einkaufte, lobte sie seinen Kebab, dessen Rezept er niemandem verriet. Dafür verlangte er aber eine Lira mehr als die anderen Metzger. Er tadelte seine Nachbarn, die das Fleisch oft bei seinen Konkurrenten holten, »die mit ihren gottverdammten Maschinen die Seele des Fleisches zermalmen«. Mahmud hielt nichts vom elektrischen Fleischwolf, aber die Nachbarn sparten lieber einige Piaster und pfiffen dafür auf die Seele des Fleisches. Nur wenn sie vornehme Besucher hatten, kauften sie den begehrten Kebab von Mahmud. Die Zubereitung glich einer Zeremonie, einem Zauber eher als dem bloßen Hacken von Fleisch. Er entfernte jede Sehne, jedes Stückchen Haut, zeigte das Fleisch dem Kunden, der ehrfürchtig »Sehr schön« ausrufen musste, dann zerhackte er es, rollte es zusammen und stellte es zur Seite.

»Es muss sich etwas ausruhen«, sagte er bedeutungsvoll und fing an, Zwiebeln, Knoblauch und Petersilie zu hacken. Er mischte sie mit dem Fleisch, gab etwas Pfeffer und Salz dazu und holte aus einem Schrank unter der Fleischerbank eine schwarze Dose hervor, nahm daraus zwei Fingerspitzen einer rötlichen Mischung, streute sie über das Fleisch und murmelte leise vor sich hin, als würde er eine Zauberformel für den Kebab sprechen. Woraus die Mischung in der Dose bestand, wusste niemand zu sagen. Manche vermuteten, dass er mit etwas Paprika einen Zauber vorschwindelte, andere wollten von ihm erfahren haben, dass die Dose eine geheimnisvolle Mischung aus Indien beinhalte, aber alle mussten zugeben, dass der Kebab bei Mahmud am besten schmeckte. Er höhnte über die anderen Fleischer, die, wenn es um ihre Mägen ging, bei ihm den Kebab kauften. Das war nicht übertrieben, oft genug habe ich den einen oder anderen Metzger bei ihm im Laden gesehen.

Mein Vater lobte ihn oft, er sei der beste Metzger der Welt, aber auch er kaufte das billigere Fleisch bei den anderen, es sei denn, wir bekamen Besuch, dann mahnte er meine Mutter nicht auf die Lira, sondern auf die Anerkennung der Gäste zu achten. Am späten Nachmittag schlossen die Metzger ihre Läden, nicht aber Mahmud. Er trank einen Schnaps nach dem anderen, polierte die Gläser und stellte sie auf die blanken Regale, spritzte Wasser vor den Laden, setzte sich auf einen Holzschemel und beobachtete die Passanten. Er war über fünfzig und Junggeselle, und immer wenn eine Frau oder ein junges Mädchen vorbeikam, lallte er ihnen Schmeicheleien zu, und sie kicherten über ihn und neckten ihn auch manchmal. Nur sein Nachbar, der Friseur Bulos, ärgerte sich immer über ihn, denn er war ein strenger Katholik, der nichts Flüssiges außer Leitungswasser zu sich nahm.

»Du bist doch kein Christ, wenn du keinen Wein trinkst. Euer Jesus ist ein prachtvoller Kerl. Hat er nicht gesagt, dass Wein des Menschen Herz erfrischt?« Das hat zwar David und nicht Jesus gesagt, aber es war die einzige Stelle in der Bibel, die Mahmud kannte, und er rieb sie seinem katholischen Nachbarn immer wieder unter die Nase. Ansonsten störte Mahmud keine Menschenseele, denn er war äußerst gutmütig.

Eines Tages kam es, wie es kommen musste. Es war ein sonniger Mittag. Ich sollte Fleisch bei Mahmud holen, da meine Tante mit ihrem reichen Mann uns besuchen wollte. Sie war sehr hochnäsig und hatte nach einem Jahr Ehe ihre ärmliche Herkunft völlig vergessen. Meine Eltern genierten sich wegen unserer Armut und schienen der Tante immer beweisen zu wollen, wie gut es uns ging. Davon hatten jedoch die Tante und ihr schwachsinniger, gefräßiger Mann keine Ahnung. Sie bekamen an einem Tag so viel Fleisch vorgesetzt wie wir sonst in einer Woche nicht.

An jenem Tag also sollte ich ein ganzes Kilo Hammelbrust holen. Murrend schlenderte ich zu Mahmuds Laden. Schon von weitem sah ich ihn mit einigen auffällig gekleideten Touristen vor seinem Laden stehen. Die drei Männer sahen aus wie Schießbudenfiguren, so grellbunt waren sie angezogen. Jeder hatte eine Kamera um den Hals hängen, einer kaute auf einer dicken Zigarre herum, wie man es in irgendwelchen amerikanischen Gangsterfilmen sehen konnte, und die anderen beiden reizten mit ihren kurzen Bermudahosen jeden Vorübergehenden zum Lachen. Die Frau sah aus, als wäre sie in einen Farbtopf gefallen, so bunt bemalt war sie im Gesicht, und um den Hals hatte sie eine Brille mit länglichen Gläsern hängen, die an der Seite und auf den Bügeln mit Strass besetzt war. In ihren Stöckelschuhen konnte sie kaum laufen und zog mit ihrem engen Rock die Blicke sämtlicher Männer auf sich.

Die Touristen fotografierten Mahmud, der an seine Ladentür gelehnt stand und breit lächelte. Dann winkte ihm einer der Männer, dass er sich zwischen die beiden anderen stellen sollte. Sie lachten, und die Frau knipste einige Male, als ich gerade den Laden erreichte. Sie schrie immer wieder »Oh, how wonderful, just wonderful« und zog das »Oh« so in die Länge, dass es sich anhörte, als würde jemand auf sie einhauen. Mahmud zupfte verlegen an seinem sauberen weißen Kittel. Nicht stolz, wie ich vermutet hatte, sondern unsicher schaute er auf die beiden Nachbarn, die in den Türen ihrer kleinen Geschäfte standen und sich über ihn lustig machten. Ich hörte den Friseur lästern: »Sie brauchen wohl sein Foto, um ihre Kinder zu erschrecken!«

Als der hagere, kleine Tourist die Frau wieder ablöste, wurde es Mahmud zu viel, er flüchtete in seinen Laden. Die Touristen lachten über den scheuen Mann und folgten ihm. Als ich gerade die Bestellung meiner Mutter aussprechen wollte, erklärte einer der Touristen Mahmud, dass sie vier Portionen Kebab wollten. Er verlor jede Scheu und rief laut: »Vier Portionen Kebab!«, als wollte er auch noch den Leuten der übernächsten Straße seine Freude mitteilen. Ich ärgerte mich, dass Mahmud mich einfach übergangen hatte, und rief noch einmal laut meine Bestellung. Da knurrte er mich an: »Du siehst doch, ich habe Kunden aus dem Ausland! Sie werden überall berichten, dass Mahmud der beste Kebabkünstler der Welt ist!«

Ich hätte am liebsten das Fleisch bei jemand anderem gekauft, aber meine Mutter hatte einen guten Blick dafür, sie hätte das sofort erkannt. So verfluchte ich meine Tante, derentwegen ich diese lästige Aufgabe aufgebrummt bekommen hatte, und wartete.

Mahmud gab sich besondere Mühe; er schwenkte seine Arme und schärfte das Messer, als müsste er ein Krokodil und nicht einen Hammel zerlegen. Stolz zeigte er das schöne Stück Fleisch, das er aus der Hammelhälfte herausgeschnitten hatte, der Frau, und sie rief: »Oh, wonderful, isn't he cute?« Die Petersilie wusch Mahmud dreimal, was er sonst nie tat, dann entfernte er jedes gelbe Blättchen. Endlich war es so weit. Er holte seine schwarze Dose und rief seinen amüsierten Zuschauern zu: »Vary olt!«

»Oh, wonderful! What is this?«, säuselte die Frau.

»Sag ihr, das ist ein altes Geheimnis, das mir mein seliger Vater weitergegeben hat. Er hatte es von einem Koch des großen Maharadscha von Indien gelernt, sag ihr das!«, befahl er mir, und ich übersetzte stotternd. Und wieder schrie sie in den höchsten Tönen: »Oh, how wonderful, it's just marvellous!«

»Die englische Sprache ist verdammt kurz. Hast du das alles mit den zwei Wörtern gesagt?«, fragte Mahmud misstrauisch. Ich versicherte ihm, dass ich sogar erzählt habe, wie sein Vater auf dem Weg nach Indien sein Leben gefährdet hatte. Mahmud schien nicht so recht überzeugt zu sein.

»Zum Ausruhen!«, sagte er zu mir, und ich brach mir fast die Zunge, um den Touristen zu erklären, warum das Hackfleisch sich ausruhen sollte. Mahmud wusch seine Hände und stellte vier kleine Teller mit Oliven und Erdnüssen auf den Tisch und eine kleine Flasche Schnaps und einen Krug Wasser holte er auch noch aus dem Kühlschrank. Die Touristen griffen zu, und die Frau rief immer wieder: »Oh, wonderful!«, was Mahmud verunsicherte, denn Ful bedeutet auf Arabisch »Saubohnen«.

»Sage ihr, das sind keine Ful, sondern Erdnüsse aus dem Sudan!«, sagte er irritiert.

Ich beruhigte ihn und übersetzte das Wort »wonderful«.

»Also doch, sie verstehen was vom Essen«, sprach er zu sich und fing an, die Spieße zu machen. Ich setzte mich nach draußen, um den Rauchwolken zu entgehen, die bald Mahmud und seine Kunden umhüllten.

Als die letzten Rauchschwaden abgezogen waren,

schaute ich wieder zur Tür hinein. Die Touristen hatten die Oliven und Erdnüsse aufgegessen und auch den Schnaps und das Wasser getrunken. Einer der Touristen schwenkte die Kanne Mahmud entgegen, als dieser große flache Teller auf die Tische stellte. Schließlich legte Mahmud mit einer schwungvollen Geste die fertigen, wunderbar duftenden Spieße auf die Teller. Verschwitzt und zufrieden schaute er zu mir herüber.

»Nur noch eine Zigarette, dann gebe ich dir eine Hammelbrust, wie sie nicht einmal Napoleon gegessen hat.«

Ich nickte, verstand aber nicht, wie Mahmud auf Napoleon gekommen war.

Erwartungsvoll starrte er wieder die Touristen an, die ihm begreiflich machen wollten, wie zufrieden sie mit seiner Vorstellung gewesen waren. Die Frau jubelte immer wieder »Wonderful« und »Very good« und kramte laut schnatternd in ihrer Handtasche herum, dann verteilte sie kleine Plastiktütchen.

Mahmud wollte sich gerade eine Zigarette in den Mund stecken und hielt mitten in der Bewegung inne.

»Was ist das?«, rief er entsetzt.

»Ketchup«, strahlten ihn die Leute an, als ob sie die besorgte Frage verstanden hätten, und drückten den roten Brei über die Kebabspieße.

Mahmud riss seine Arme in die Luft, schmiss die Zigarette quer durch den Raum und schrie: »Nein!!!« Er packte einen Mann am Arm und ergriff die fleischigen Finger der Frau und schüttelte sie wütend, bis sie die Spieße auf den Teller fallen ließen.

»Was macht ihr mit meinem Kebab? Seid ihr wahnsinnig? Was wollt ihr mit dem Zeug?«, schrie er die Touristen an, so dass sie vor Angst erblassten.

Aufgeschreckt durch das Geschrei, eilten die Nachbarn herbei und versuchten gleich zu vermitteln, nur der Friseur blieb vor der Tür stehen und schüttelte missmutig den Kopf. Mahmud tobte:

»Meine ganze Mühe für die Katz! Die ganze Arbeit, so eine Beleidigung! Raus! Raus mit euch! Sollen sie doch bei einem Kiosk das gebratene Zeug mit ihrem roten Kleber voll schmieren! Meinen Kebab aber nicht!«

Einer der Amerikaner zückte seinen Geldbeutel, und irgendein Nachbar versuchte zu übersetzen, dass der Mann die Vorspeise und die Getränke bezahlen wollte. Mahmud aber keifte weiter:

»Geld? Von denen nehm ich doch kein Geld! Diese Barbaren, meinen schönen Kebab so zu verschandeln! Das Geld können sie sich in ihren Hintern stecken, abhauen sollen sie.«

Er wollte sich auf die Touristen stürzen und sie aus seinem Laden werfen, aber die besorgten Nachbarn hielten ihn zurück. Schimpfend verließen die erschrockenen Gäste den Raum. Der Friseur stand draußen vor dem Laden und heuchelte laut: »So behandelt man doch zivilisierte Menschen nicht, was werden die jetzt über uns sagen?«

Mahmud stürzte wütend aus dem Laden.

»›Zivilisiert‹ sagst du? Sie sind bloß reich, aber von Kultur haben sie keine Ahnung. Sie wollten den Kebab mit Plastikbrei fressen!«

Der Friseur verschluckte seine Wut und zwang sich zur Ruhe. »Tja, andere Länder, andere Sitten!«, sprach er mit pathetischer Stimme.

»Ja, Mann, aber das hier ist unser Land!«, fauchte ihn Mahmud an.

Der Friseur sagte herablassend: »Was verstehst du schon!«, und zog sich in seinen Laden zurück. Mahmud wandte sich endlich zu mir. »Komm mit«, meinte er mit traurigem Gesicht.

Diesen Wassersäufer, den lass ich nie wieder an meine Haare!, schwor ich mir, als wir in den Laden gingen.

Der Kummer des Beamten Müller

Sie glauben doch nicht im Ernst, dass es mir mit diesen Kanaken, Kameltreibern und Spaghettis gut geht! Da kommt doch dieser halbwüchsige Spaghetti, der mich jedes Jahr wahnsinnig macht, mit seinem offenen Hemd und seiner speckigen Lederjacke hereingetanzt, als wäre die Behörde eine Diskothek. Ich werde das Gefühl nicht los, dass diese Itaker von Geburt an keinen Respekt vorm Gesetz haben. Weißt du, was er mir sagt, mein Lieber? Der Freche sagt zu mir, an meiner Stelle würde er sich die Arbeit ganz einfach machen, und ich Idiot frage auch noch: »Wie denn?«

Da sagt doch dieser Kerl, er würde jedem einen Stempel schenken, zum Mitnehmen nach Hause. »Warum immer hierher? Besser zu Hause ein Stempel!«

Wo kämen wir da hin, wenn das so wäre! Nun, seit zwei Jahren schreibt dieser Spaghetti bei »Nationalität« nicht mehr »Italiener«, sondern »Gastarbeiter«. Jedes Mal erkläre ich es ihm, und er antwortet: »Ich nix weiß, ich vorher Italiano, aber jest nix Italiano, nix Deutsch, ich Gastarbeiter«, und das Schlimme ist, er lacht dabei, und genau das macht mich krank. Statt meine Fragen zu beantworten, erzählt er mir dauernd Geschichten von seinem schlechten Capo. Jedes Jahr dasselbe.

»Ich viil Arbeit, aber Capo sagt, nix gut. Warum?«

Ich sage ihm, er soll arbeiten, die Maschine anglotzen und nicht den Meister, und er sagt: »Ich immer Capo sehen, auch Traum!«

Ja, ja, und mir soll es gut gehen.

»Ach, guten Abend, Herr Al Tachtal ...«

Na ja, woher holt der bloß immer wieder die Frauen. Ein Scheißkerl. Muchamed Achmed Al Achtal, mein Lieber, da bricht einem die Zunge ab, ein Reibeisen im Hals wäre ein Zuckerlecken dagegen. Wozu das Ganze, ich zum Beispiel heiße ganz einfach Hans Herbert ... Hans Herbert ... ganz leicht ... und nicht Achchmed Machchmed.

Glauben Sie, ein einziger Kanake hat bis jetzt meinen Namen richtig ausgesprochen? So dumm sind die Brüder. Der Kameltreiber sagte mir im letzten Jahr, mein Name sei ihm zu lang. Er würde mich Hansi nennen. Auf Arabisch soll das »mein Hans« bedeuten. Um Gottes willen. Ich bin doch nicht schwul!

Aber diesem Kameltreiber habe ich es gezeigt, der kommt her und steckt mir einen stinkenden, zerdrückten Pass entgegen, und ich mache ihn auf. Weißt du, was darin steht?

»Geboren: 1342«. Also stell dir vor, am Anfang dachte ich, das ist eine Fälschung oder der will mich auf den Arm nehmen. Aber nein! Denkste! Das ist mohammedanische Zeit. Ich sage mir, Hans Herbert, nur ruhig Blut, ein Sandfresser kann dich doch nicht aus der Ruhe bringen. Ich frage ihn: »Also, wie viel macht es christlich?«

Weißt du, was er sagt? Er glaubt, es sei 1940! Er glaubt es! ... Nicht glauben soll er, sondern belegen soll er, habe ich ihm gesagt. Mein Lieber, das war ein Krach! Aber das war noch nicht mal so schlimm, denn bei Beruf trug er »Schriftsteller« ein. Am Anfang dachte ich, das sei ein Scherz.

»Nicht doch, Herr Achtmal«, sagte ich, »Sie können doch kaum Deutsch und wollen Schriftsteller sein?«

Und was macht er? Er zückt ein Buch aus seiner stinkenden Tasche.

»Hier mein Buch, schöne Errsäluung, 11 Mark 80, für Sie 10,80.«

Also, ich muss doch bitten, wir sind hier nicht im Basar. Ich habe ihn weggeschickt. Erst muss er einen ordentlichen Beruf nachweisen, dann bekommt er die Aufenthaltserlaubnis, sonst nix ... Schau dir den an, gar keinen Kummer hat er. Wenn ich er wäre, hätt ich mich um eine Stelle gerissen, und was macht er? Mit Weibern herumkutschieren! Ich sage dir, das verdirbt mir die Laune! Was ist das für ein Tag heute, erst verdirbt mir dieser Kümmeltürke den Vormittag, dann dieser Kameltreiber den Abend. Der Kümmeltürke kommt heute Morgen so gegen 10 Uhr, er kommt mit seinen zwei Bälgern und seinem Weib, als wäre ein Behördengang ein Ausflug. Sie setzen sich, sie breiten sich aus bei mir, und eine dieser Rotznasen zerrupft schon nach paar Minuten zwei Blätter von meinem Gummibaum und bringt sie mir.

»Daputt«, sagt er.

Der andere Balg schielt auf den Kugelschreiber. Ich

komme ihm aber zuvor und nehme den Kuli weg. Da sagt doch dieser Türke: »Kind nix wegnehmen. Yassin brav, nur schipilen, Kind muss.«

»Ja, aber nicht hier in der Behörde, ich bitte Sie!«, sage ich.

»Doch, muss«, brüllt der Kanake. »Du Kind haben?«, fragt er und haucht mich mit seinem Knoblauchatem an.

»Ja, zwei«, antworte ich, aber bevor ich noch einen Blick in seine Akte werfen kann, haucht er mich gleich wieder an.

»Wie alt?«, will er wissen.

Ich antworte nicht, weil das ja zu weit geht. Der Türke geht zu seinem Weib und holt zwei bunte Schachteln.

»Hier, für Kind, türkisch, schmeckt extra prima!«, haucht er mich wieder an. Ich habe schon das Gefühl, irgendetwas stimmt nicht mit seinen Papieren, aber die Zeit ist knapp. Ich schüttele den Kopf.

»Hier nix Istanbul! Hier Deutschland! Nix Bakschisch! Verstehen?«

Der Türke wird blass und ich suche in den Papieren nach dem Grund der Bestechung, aber ich finde nichts.

Also, ich musste ihm den Stempel geben. Erst nachmittags hatte ich Zeit und nahm die Mappe noch einmal unter die Lupe, und ich fand raus, weshalb dieser Gauner mich bestechen wollte. Zwei Wochen Verspätung hatte er mit seiner Ummeldung. Das habe ich gleich für nächstes Jahr vorgemerkt.

Mein Lieber, dir geht's gut, aber mir geht's, seitdem ich in diesem Amt bin, nicht mehr gut. Nicht einmal meine Frau versteht mich mehr. Sie sagt, ich rede mit ihr in gebrochenem Deutsch, vor allem, wenn ich wütend bin, das habe ich nun davon!

Herr Müller sprach an diesem Abend immer wieder den Barkeeper an, der hinter der Theke der kleinen Kneipe stand. Aber der Barkeeper hörte nicht zu, ab und zu sagte er »Na ja«, »Ja, ja« oder »Was Sie nicht sagen!«. Er war sehr beschäftigt, sein Blick wanderte über die Gläser, er füllte immer wieder nach, stellte neue auf die Theke, kritzelte Striche auf die Bierdeckel. Auch wenn Herr Müller sein Glas geleert hatte, schenkte ihm der Barkeeper das nächste voll, kritzelte einen Strich auf den Bierdeckel und sagte geistesabwesend: »Zum Wohl!«

Was Frauenfürze alles bewegen können

Tante Faride war eine kleine und dürre Frau und sie lebte mit einem gierigen Mann, der am liebsten noch die Wolken des Himmels besitzen wollte. Er wusste vor lauter Gier nicht, wo er mit seinen Geschäften anfangen und wo er aufhören sollte, und so starb er auch kurz nach meiner Tante hoch verschuldet und zutiefst verbittert. Tante Faride und ihr Mann lebten in einer Wohnung neben einem Ehepaar, das vielleicht fünfmal so viel wog wie sie. Der Nachbar ging immer schräg durch die Türen, sonst wäre er stecken geblieben. Die Frau war noch dicker, und wie sie durch die Türen gelangte, ist eine Geschichte für sich. Sie aß gerne und fütterte noch lieber ihren Mann. Nur eins aß dieser Nachbar nicht, und das waren alle Hülsenfrüchte, alle Bohnen, Zwiebeln und Knoblauch, denn diese Dinge verursachen in der Regel Blähungen, und Furzen war für den Mann die schrecklichste Sünde der Welt. Brudermord erschien ihm im Vergleich dazu als ein harmloses Vergehen. Die Frau dagegen aß vielleicht gerade deshalb am liebsten diese Dinge und furzte Tag und Nacht. Weil sie aber ihren Mann *und* ihre

Fürze liebte, gab es in der Wohnung ein spezielles Kämmerlein, leicht zugänglich, mit einem Fenster in die freie Natur und einer absolut dichten Tür zur Wohnung hin. Sobald die Frau ein Gurgeln, Klopfen und Kribbeln im Bauch fühlte, eilte sie in dieses Kämmerlein und ließ mit äußerstem Genuss ihre Fürze zum offenen Fenster hin sausen und knallen, knattern und zischen. Danach kehrte sie erleichtert und mit einem breiten Lächeln in die Wohnung zurück und ihr Mann bewunderte sie und liebte sie jeden Tag mehr für ihre Rücksichtnahme und Präzision.

Eines Morgens aber saßen beide beim Frühstück, als ein Furz der Frau sich in freudiger Übereile zur Unzeit den Weg ins Freie bahnte. Er knallte mächtig und auch sein Geruch war nicht von Pappe. Der Mann erstarrte, denn nichts auf der Welt ist einem Araber verhasster als ein Furz am Esstisch. Da gehen Freundschaften zu Bruch, da hat es schon Mord und Totschlag gegeben und diese Frau war noch dazu mit einem besonders empfindlichen Mann verheiratet. In zwanzig Jahren Ehe war alles wunderbar gegangen und nun passierte es ausgerechnet am Frühstückstisch. Im Bewusstsein der Unverzeihlichkeit ihrer Tat rief die Frau wie alle Araber, wenn sie ihr Gesicht verlieren: ›O Erde, tu dich auf und verschlinge mich!‹, und das war wahrlich ihr Wunsch, schon um sich zu ersparen, was unweigerlich folgen musste.

Ob ihr es glaubt oder nicht, die Erde ging auf und die Frau verschwand tatsächlich. Der Mann, gerade im Begriff, seiner Empörung in flammenden Worten Luft zu machen, erschrak dermaßen, dass er seinen Mund nicht mehr schließen konnte. Er ging vorsichtig um den Tisch herum und sah, dass der Teppich genau über einem unauffälligen Riss im Fußboden zerrissen war. Er legte sich auf den Boden und horchte. Nichts. Absolute Stille.

Drei Tage war der Mann verwirrt. Er konnte weder arbeiten noch schlafen und hoffte immer noch, dass seine Frau wieder auftauchen und sich entschuldigen würde, dass sie so lange in ihrem Versteck geblieben war. Erst als der fünfte Tag vorüber war, gab der Mann das Warten auf und ging zu einem Zaubermeister jener höchsten Orden, denen sogar das Nachschauen im Jenseits erlaubt ist. Viele Tote konnten durch ihn ihren lebenden Verwandten noch nicht erledigte Wünsche und Pflichten mitteilen. Der Mann erzählte dem Meister die unglaubliche Geschichte des Verschwindens seiner Frau und bat ihn zitternd ihn nicht für verrückt zu halten und hinauszuschmeißen. Der Meister hörte ihn mit unbewegtem Gesicht an, holte seine Glaskugel und setzte sich an den Tisch.

›Das haben wir gleich. Denk nun nur an deine Frau, das hilft!‹, befahl er dem besorgten Ehemann, dessen Beine so schwach wurden, dass er ohne Erlaubnis einen Stuhl nahm und sich dem Meister gegenübersetzte. So konnte er in das Innere der Kugel schauen. Der Meister sprach ein paar Zaubersprüche, und bald sah der Mann Landschaften durch die geheimnisvolle Kugel ziehen, bizarre Gegenden, wie er sie auf der Erde noch nie gesehen hatte. Und plötzlich kam ein Mann mit einem langen weißen Bart näher und immer näher, bis sein Gesicht deutlich zu erkennen war.

›Wo ist seine Frau?‹, fragte der Meister.

›Sie ist Ehrengast des Furzreiches. Beneidenswert, beneidenswert!‹, schwärmte der Alte und eilte davon.

Der Meister sprach weiter geheime Formeln und plötzlich erschien die Frau. Der Mann konnte seine Tränen kaum zurückhalten. ›Liebste!‹, flüsterte er. Die Frau lag auf einem herrlichen Sofa. Drei Diener massierten ihr die Füße, andere reichten ihr Leckereien und tupften ihr mit seidenen Tüchern jeden Schweißtropfen ab, als wäre er eine Kostbarkeit.

›Was machst du hier?‹, fragte der Mann.

›Oh, ich bin Ehrengast des Furzreiches. Alle braven Sklaven, Diener, Soldaten und Sänger, Dichter und Maler, Polizisten und Richter, Tänzer, vornehmen Herrschaften und Bauernburschen, Arme und Reiche sind nur Fürze. Sie zählen Milliarden, denn überall auf der Welt wird gefurzt und bei jedem Furz wird ein Angehöriger des Furzreiches geboren. Es gibt kranke und gesunde, böse und friedliche Fürze, genau wie bei uns Menschen. Mein Glück ist, dass der König und seine ganze Familie meine Fürze waren, und als ich vor Tagen diesen gewaltigen Furz beim Frühstück gelassen habe, übrigens hier ein mächtiger General, da wünschte ich mir, wie du weißt, in der Erde zu versinken. Darauf hatte der König dieses Reiches nur gewartet. Er hatte in seinem Leben alles erreicht und doch war es sein größter Traum, mir einen Wunsch zu erfüllen. – Nicht wahr, mein König?‹

Plötzlich trat ein dicklicher Mann ins Bild und sein Gesicht strahlte vor Zufriedenheit.

›Ja, so ist es, denn sie hat die Gabe, mit Genuss zu furzen, und so kamen wir nicht nur königlichen Geschlechtes, sondern auch gesund und fröhlich zur Welt. Seht mich an, so hat sie mich in die Welt gesetzt und das alles hier verdanke ich ihr. Deshalb bin ich so glücklich, dass sie auch noch bei uns bleiben will und auf dem Sofa liegend die schönsten, gesündesten und erhabensten Fürze zur Welt bringen kann.‹

›Aber ... was ... soll das bedeuten. Aida, ich bin dein Mann und du rennst einfach weg in dieses gottverdammte ...‹

›Ach, lass mich doch in Ruhe‹, erwiderte die Frau, ›ich lebe hier im Paradies, und wenn du nicht schimpfst, lasse ich dir durch meine Sklaven jeden Tag eine Hand voll Goldmünzen bringen, so dass du auch in Saus und Braus leben kannst. Und nun verschwindet alle, ein mächtiger Furz kündigt sich an!‹

Im Nu war ein dunkelroter samtener Vorhang vorgezogen und die Glaskugel nahm dessen Farbe an. Der Mann konnte nichts mehr sehen. Er stand auf, zahlte wie benommen und ging nach Hause. Am nächsten Morgen hörte er in der Küche, wo er sich einen Kaffee machte, einen zischenden Knall, und das erinnerte ihn an seine Frau. Er eilte in das Kämmerlein, und als er die Tür aufmachte, staunte er über eine Hand voll glitzernder Goldmünzen, die mitten auf dem Boden lagen. Er sammelte sie auf und zählte sie. ›Hundert. Das muss eine mächtige Hand gewesen sein.‹ Er lachte zufrieden und eilte zum Goldschmied, der die Münzen, ohne mit der Wimper zu zucken, kaufte. Das Geld, das der Mann bekam, hätte er in einem Jahr nicht verdienen können. Täglich wiederholte sich von da an der Knall und jedes Mal lagen danach etwa hundert Goldmünzen im Kämmerlein.

Der Nachbar dieses Mannes aber war, wie ich vorher erzählt habe, der gierige Mann meiner Tante Faride, und der bemerkte nicht nur das Verschwinden der Frau, die angeblich nach Amerika gefahren war, um eine entfernte Tante zu besuchen, sondern noch schneller die Veränderung, die sich bei seinem Nachbarn vollzog – und zu seinem Ärger zum Besseren. Er wollte die Ursache dafür herausfinden, und dieser Geizkragen, der seine Frau in fünfzig Jahren Ehe nicht einmal zu einer Tasse Kaffee eingeladen hatte, wurde auf einmal großzügig und lud den Nachbarn zum Wein ein. Ein Glas ergab das andere, und der trinkfeste Mann meiner Tante fand heraus, dass der Nachbar seinen ganzen Reichtum einem Furz seiner Frau verdankte. Geschickt fragte der Onkel so nebenbei nach Einzelheiten ihres Verschwindens, und der Betrunkene, froh, nach so langer Einsamkeit einen verständnisvollen Gesprächspartner gefunden zu haben, antwortete auf alle Fragen.

Der Mann meiner Tante wusste nun, was er brauchte, und ging sofort ans Werk. ›Der Furz der Frauen bewirkt Wunder‹, sagte er meiner überraschten Tante und zwang sie, Bohnen und Zwiebeln, Knoblauch und Kraut, sauer Eingelegtes und Eiskaltes zu essen. Doch lange wollte nichts dem Innern der Frau entfliehen. Tante Faride drückte und drückte. Sie saß in der Küche, und ihr Mann aß und aß, damit es beim Essen passierte und der Wunsch zu verschwinden auch erfüllt würde.

›Jetzt‹, rief Tante Faride und schrie und schwitzte, und nach einer Viertelstunde kam endlich ein jaulender Furz heraus, kurz und mit gequälter Stimme und so entkräftet, dass er nach gar nichts roch. Dazu vergaß sie auch noch den Wunsch auszusprechen, von der Erde verschluckt zu werden. Ihr Mann soufflierte ihr den Satz viel zu spät, und als meine Tante ihn nachsagte, blieb er ohne Wirkung. So ging es monatelang, meine

Tante quälte sich, und eines Abends klappte es dann wirklich.

›O Erde, tu dich auf und verschlinge mich!‹, rief die Tante und verschwand. Erleichtert atmete der Onkel auf, räumte den Tisch ab und warf einen Blick auf den Küchenboden. Den billigen Teppich hatte er längst entfernt. Und siehe da, der Estrich zeigte einen neuen Riss, der bis zur Türschwelle reichte. Freudig verbrachte der Onkel den Tag und wartete auf ein Signal. Erst spät in der Nacht schlief er ein. Da hörte er plötzlich zischende und jammernde Töne, und bevor er das Licht anknipsen konnte, prügelten so viele dunkle Gestalten auf ihn ein, dass er nicht mehr wusste, woher die Schläge kamen. Mit blutunterlaufenen Augen suchte der Mann meiner Tante den Zaubermeister auf und erzählte ihm seine Geschichte, schnell war die Kugel da, und noch schneller erblickten sie das Reich der Fürze. Da saß in einem dunklen Verlies die Tante.

›Was machst du da im Gefängnis?‹, fragte ihr Mann.

›Ich muss eine Strafe von sechs Monaten absitzen, weil ich mit meinem Unwillen und meiner Verkniffenheit die Fürze bei der Geburt gequält habe. Einer davon ist zu meinem Pech Gefängnisdirektor geworden. Er hasst mich sehr und will auch dich sechs Monate lang quälen, jede Nacht, bis ich zurückkomme.‹

›Das stimmt‹, unterbrach eine barsche Stimme den Redefluss der Frau, und in der Kugel erschien ein hässlicher, buckliger, rotgesichtiger Mann: der Gefängnisdirektor. ›Sie hat mich verunstaltet, gequält und gewürgt. Ich war beinahe tot, als ich hier ankam. Weil ich nur hassen konnte, wurde ich Folterknecht, und weil ich der skrupelloseste unter den Kaltherzigen war, wurde ich zu ihrem obersten Chef. Was für scheußliche Kreaturen, die bei einem Empfang, Essen oder während einer Unterrichtsstunde von Scham begleitet geboren werden! Ich habe auf den Augenblick gewartet, mich und all meine armseligen Elendsgefährten zu rächen, denn nur bei diesem einen Wunsch können wir die Leute zu uns holen. Als sie aber dich mitbeschuldigt hat, wollten wir nicht kleinlich sein.‹ Der Widerling lachte schrill und spuckte dabei, dass die Glaskugel ganz undurchsichtig wurde.

Der Onkel aber musste sechs Monate lang Prügel einstecken, und das Schlimmste daran war, dass er niemandem den Grund dafür verraten konnte, damit die Leute ihn nicht auch noch auslachen. Nach genau sechs Monaten kam meine Tante Faride zurück, und sie lebte zufrieden, denn von nun an ließ sie sich von ihrem Mann nichts mehr vorschreiben, nicht einmal, wenn es um einen Furz ging.

Prozentprophet

Mein Nachbar K. ist nicht in der Kirche. Sie gibt ihm nichts und Steuern zu sparen lohnt sich für ihn. Er ist Chefarzt. Doch jetzt ist er gläubig geworden. Auf seltsame Weise. Nach einem Autounfall blieb sein rechtes Bein steif. Deshalb hinkt er. Keiner seiner Kollegen konnte ihm helfen. Da hörte er von einem Heiligen in Amerika, der Jimmy hieß.

Jimmy war Boxer gewesen und nach einem rechten Haken des Gegners zu Boden gegangen. Eine Viertelstunde später richtete er sich wieder auf. Der Kampf war verloren, aber stattdessen hatte er ein Gespräch unter vier Augen mit Gott geführt. Der Herr der Welten, wie er sich nannte, hatte Jimmy beauftragt, Kranke zu heilen.

K. reiste nach Amerika und begegnete Jimmy. Von da an war er sein fanatischer Anhänger und erzählte stolz, welche Minister aus aller Welt zu Jimmy pilgerten und ihre Staatskarossen vor Jimmys Villa abstellten.

Und K.s Bein? Jimmy heilte es zu etwa zehn Prozent und befahl K. nach Deutschland zurückzugehen, das

Bein dort in Gips zu legen und drei Wochen zu beten. Derweil werde Jimmy jenseits des Atlantiks zu Gott Kontakt aufnehmen. Die so entstehende Dreiecksverbindung bewirke dann eine weitere Genesung. K. zahlte freiwillig 5000 Dollar für die zehnminütige Audienz.

Und er legte zu Hause sein Bein in Gips und betete drei Wochen lang über den Teich hinweg, wie er glaubte, gemeinsam mit Jimmy. Noch immer hinkt er wie vorher, aber er meint, dass sein Bein inzwischen noch einmal zehn Prozent besser geworden ist.

Wir leben wirklich in einer schäbigen Zeit, wenn schon unsere Heiligen mit Prozenten arbeiten. Man muss sich mal Jesus in Palästina vorstellen, wie er einem Blinden sagt: »Du wirst wieder sehen, aber mit einer starken Brille, rechts neun Dioptrien, links acht«, oder dem Lahmen nicht sagt: »Steh auf und gehe!«, sondern: »Nimm einen Rollstuhl und fahr.« Jesus wäre bestimmt nicht am Kreuz gestorben, sondern unter einem Berg fauler Eier.

Von List und anderen Gaunereien

Der Schnabelsteher

 Auf einem alten Walnussbaum lebten einst viele Raben. Der Baum, der früher genug Platz geboten hatte, verlor mit den Jahren seine morschen Zweige und Äste. Keiner der Raben aber dachte daran, deswegen in den nahen Wald umzuziehen, denn dort war es finster, und von keinem Baum aus hatten sie eine solche Sicht wie von dem großen Walnussbaum, der einsam auf dem weiten Feld stand.

In einem der Nester lebte ein kleiner Rabe allein mit seiner Mutter. Sein Vater war einem mächtigen Adler zum Opfer gefallen, kurz nachdem der kleine Rabe aus dem Ei geschlüpft war. So musste die Mutter mit ihrem Sohn ihr Nest räumen und in eine ärmliche Behausung auf den untersten Ästen ziehen. Oft saß der kleine Rabe einsam im Nest, denn seine Mutter musste allein für ihn sorgen, und wenn es ihm langweilig wurde, kletterte er aus dem Nest und hüpfte über die Zweige zu den anderen Rabenkindern. Die Nachbarn ärgerten sich darüber und verscheuchten ihn.

»Eine schlampige Rabenmutter hat dieser Bengel«, krächzten sie. Sie waren entsetzt, denn ihre Kinder wollten genau wie der kleine Rabe aus dem Nest springen und von Zweig zu Zweig hüpfen.

»Es ist noch zu früh«, mahnten die Eltern und waren erbost darüber, dass der kleine Rabe immer wieder rief: »Meine Mutter ist die beste Mutter der Welt. Sie sagt, es ist nie zu früh.«

»Scher dich zum Teufel mit deiner Mutter!«, zürnten die Nachbarn.

Ob es kalt war oder warm, der kleine Rabe spielte den ganzen Tag und wagte es, jeden neuen Tag etwas weiter zu springen. Manchmal war sein Sprung zu weit, und er purzelte auf den Boden, dann rief er nach Hilfe, aber die Nachbarn krächzten verächtlich:

»Deine Beine haben dich hinuntergetragen, lass deine Flügel dich wieder hinauftragen!«

Der kleine Vogel musste dann warten, bis seine Mutter nach Hause kam und ihm ins Nest half:

»Gräme dich nicht! Deine Flügel werden bald stark genug sein, dann kannst du dir selbst helfen«, tröstete die Mutter und streichelte den Kopf ihres zornigen Sohnes.

Von Tag zu Tag erfand der kleine Rabe neue Spiele und eines Tages hüpfte er kopfüber und stellte sich auf seinen Schnabel. Er streckte seine Flügel aus und schaffte es, eine Weile das Gleichgewicht zu halten.

»Bravo!«

»Toll machst du das!« Die Rabenkinder spendeten ihm herzlichen Beifall. Der kleine Rabe war außer sich vor Freude. Ein wackeres Getümmel der Kinder und entsetztes Geschrei der Eltern überzog die Nester, als nun alle Rabenkinder sich auf ihre Schnäbel stellen wollten und ihre Behausungen zerwühlten.

»Er ist verrückt geworden. Stellt sich auf den Schnabel und verdirbt unsere Kinder. Nicht zu fassen! Nur Flausen hat er im Kopf!«, empörte sich ein kräftiger Nachbar.

»Kinder brauchen das Spiel. Was haben sie sonst von der Kindheit?«, nahm die Mutter ihren Sohn in Schutz. Viele Kinder, die den Streit mit anhörten, nickten ihr heimlich zu, und sie lächelte zurück.

Eines Tages hörte der kleine Rabe eine Großmutter im Nachbarnest ihren Enkeln zurufen: »Wenn ihr artig seid und nicht mehr auf dem Schnabel steht, erzähle ich euch ein Märchen.« Da die Kinder Märchen über alles lieben und wissen, dass Omas ein gutes Herz und ein schlechtes Gedächtnis haben, versprachen sie hoch und heilig, nie wieder auf dem Schnabel zu stehen. Die Großmutter hüstelte kurz und der kleine Rabe sperrte wie die drei Enkel die Ohren auf:

»Es war einmal ein Rabe, der lebte zufrieden und glücklich mit den anderen Raben zusammen. Eines Tages hörte er vom König aller Vögel, dem Pfau. Der Pfau ist der schönste Vogel auf Erden. Er kann von Sonnenaufgang bis Sonnenuntergang seine wunderschönen Federn zu einem Rad schlagen, das die Schönheit der Sonne und des Mondes übertrifft. Er bezaubert die Welt mit seiner Kunst.

Der Rabe wollte seine Freunde auch bezaubern und der König der Raben werden. Er reiste zu dem Pfau, der hinter dem finsteren Wald auf seiner königlichen Wiese lebte. Nach einer beschwerlichen Reise konnte er, verzückt wie alle Tiere, den Pfau bestaunen. Er atmete tief ein, dass seine Brust anschwoll, und reckte sich zu einem stolzen Gang. Schritt für Schritt folgte er dem Pfau.

›Du dummer Vogel!‹, rief der Pfau seinem schmächtigen Nachahmer zu. ›Ein Rabe bleibt ein Rabe, auch wenn er sich aufbläst.‹

Aber der Rabe wollte nicht auf den Rat Seiner Majestät hören. Er übte tagelang. Seine Glieder schmerzten ihn ungemein. Zu wandeln wie ein Pfau ist für Raben nicht einfach. Nach vielen Tagen konnte der Rabe so herumstolzieren wie sein Vorbild.

Na ja, sagte er sich, ein Rad kann ich mit meinen kurzen Federn zwar nicht schlagen, aber ich kann genau wie ein Pfau mit erhobenem Haupt herumstolzieren. Er kehrte zu den Raben zurück und marschierte vor ihnen auf und ab. Doch sie lachten nur über den Raben, der immer wieder rief:

›Schaut her! Schaut her, wie schön ich gehen kann!‹

›Pass auf, dass du nicht platzt!‹, höhnten einige Vögel, und andere fragten hämisch: ›Hast du eine Melone verschluckt?‹

Dem Raben taten Brust und Rücken weh, aber am schmerzhaftesten traf ihn der Hohn seiner Freunde. Nach ein paar Tagen gab er sein pfauenhaftes Getue auf und wollte wieder wie ein Rabe gehen. Aber er hatte es verlernt. So ging er einen Schritt wie ein Rabe und den nächsten wie ein Pfau und die anderen lachten nun erst recht über ihn. Der Rabe lebte unglücklich bis ans Ende seines verpfuschten Lebens. So wird es jedem ergehen, der vergisst, dass ein Rabe kein Pfau werden kann«, betonte die Großmutter die Moral der Geschichte.

»Den ganzen Tag Rad schlagen?«, fragte der kleine Rabe vorlaut.

»Ja, den ganzen Tag«, antwortete die Großmutter freundlich.

»Das ist ja langweilig! Was tut der Pfau sonst noch?«, wollte der neugierige Junge wissen.

»Ja, Oma! Was tut er noch?«, riefen die Enkel. Die Großmutter schaute den kleinen Raben missmutig an.

»Was verstehst du, Schnabelsteher, vom Leben? Es ist nur Seiner Majestät möglich, ein Rad zu schlagen. Scher dich zum Teufel!«

Der kleine Rabe entfernte sich vom Nachbarnest und grübelte den ganzen Tag. Als die Mutter abends nach Hause kam, wunderte sie sich über ihren Jungen, der nicht einmal essen wollte.

»Mutter! Warum schlägt der Pfau den ganzen Tag ein Rad?«

»Das ist nun mal so, mein Sohn. Er ist von Geburt an König!«

»Mutter, ich will zu dem Pfau gehen und ihn fragen, warum er das tut.«

Die Mutter bemerkte die glänzenden Augen ihres Kindes und begann zu weinen.

»Du kannst doch nicht fliegen. Die wilden Tiere werden dich fressen. Denk an deinen seligen Vater! Bleib hier und mach mich nicht unglücklich!«, bat sie und schluchzte, denn sie hatte als Kind auch das Märchen vom unglücklichen Raben gehört.

Die Tage vergingen, aber von Tag zu Tag wuchs die Unruhe des kleinen Raben. Des Nachts träumte er, dass ihm mächtige Flügel wuchsen, mit denen er über den Wald und den hohen Berg flog. Am Tage aber landete er immer wieder nach ein paar hilflosen Flügelschlägen auf dem Boden.

Eines Morgens jedoch entschloss sich der Rabe, den Pfau zu suchen. Er wartete nicht, bis seine Mutter zurückkehrte, denn immer, wenn sie weinte, fühlte er sich wie gelähmt. So hüpfte er auf das Feld, sammelte ein paar bunte Blumen und flog zum niedrigen Ast zurück. Das konnte er inzwischen gut. Er legte die Blumen als Dank für seine Mutter ins Nest, verabschiedete sich von den Nachbarn und machte sich auf den Weg.

»Armer Trottel. Das hat diese Schlampe nun davon«, hörte er die Nachbarn gehässig über seine Mutter lästern.

Da er noch nicht richtig fliegen konnte, hüpfte er ein paar Schritte, flatterte ein Stück, hüpfte wieder und ruhte sich etwas aus, um wieder eine kurze Strecke fliegen zu können. Gegen Mittag erreichte er den finsteren Wald.

»Ach! Hätte ich doch starke Flügel, ich könnte dann leicht über den Wald fliegen. Jetzt muss ich hindurch«, seufzte er und zitterte vor Angst. Nach einer Weile nahm er all seinen Mut zusammen und hüpfte in den Wald hinein.

»Ach, was sehe ich da?«, zischte plötzlich eine Schlange. Sie lag in einer kleinen Lichtung und sonnte sich.

»Wer bist denn du?«, fragte der kleine Rabe erstaunt, denn er sah zum ersten Mal eine Schlange.

»Ich bin der Freund aller Raben. Komm, lass dich umarmen!«, säuselte die Schlange und schlürfte begierig ihre Spucke, die ihr im Mund zusammengelaufen war, dass der kleine Rabe vor Schreck zusammenfuhr.

»Du hast aber keine Flügel. Was hast du für spitze Dinge im Schnabel?«, fragte er misstrauisch, als er die Giftzähne der Schlange sah.

»Ach die, sie sind mein Schmuck«, beschwichtigte ihn die Schlange und kroch langsam auf den Raben zu.
»Halt! Komm nicht näher! Dein Schmuck macht mir Angst. Nimm ihn ab, bevor du mich umarmst«, sagte er und trat ein paar Schritte zurück.
»Ich wollte ihn dir schenken. Trage ihn am Hals, und du wirst der schönste Rabe weit und breit sein«, flüsterte die Schlange verführerisch.
»Ich will aber keinen Schmuck am Hals haben. Meine Mutter sagte mir immer, wir Raben sollen den Hals freihalten«, rief der kleine Rabe störrisch und eilte weiter auf seinem Weg, die Flüche der Schlange hinter sich zurücklassend.

Der Boden im Wald war mit Zweigen und morschen Stämmen bedeckt, und der Rabe hatte Mühe, all die Hindernisse zu überwinden. Er stolperte, stand wieder auf, fluchte kräftig und ging weiter. Nach langen Stunden der Angst und Mühe erreichte er die Weiden am anderen Ende des finsteren Waldes.

Er flog in den Wipfel einer Tanne, um den weiteren Weg zu erkunden, und wunderte sich, dass er nach den Anstrengungen im Wald so leicht den höchsten Zweig der mächtigen Tanne erreichte. Die grüne Wiese war unendlich groß. In weiter Ferne sah er mehrere weiße Tauben, die im Streit lagen. Die Tauben unterbrachen ihren Streit, als sie den kleinen schwarzen Vogel sahen, schüttelten sich und lächelten verlegen. Als der Rabe sie nach dem Weg fragte, fingen sie an zu lachen.

»Da ist schon wieder so ein Rabe, der zum Pfau will!« Die Tauben gurrten belustigt.

»Ich bin die schönste aller weißen Tauben. Ich habe es

nicht nötig, den Pfau zu suchen. Ich bin der Traum vom Frieden«, gurrte eine von ihnen.

»Du doch nicht!«, unterbrach eine zweite Taube sie. »Dir fehlen zwei Federn vom rechten und eine vom linken Flügel. Hier, schaut meine Schwingen an. Sind sie nicht prächtig?« Sie flatterte stolz mit ihren Flügeln. Keine Feder fehlte ihr.

»Du? Dass ich nicht lache!«, rief eine dritte mit zerfranstem Schwanz. »Du hast doch eine Glatze«, kicherte sie boshaft und zeigte verächtlich auf den mit Narben übersäten Kopf ihrer Vorrednerin.

»Du hältst den Schnabel! Du Strohbesenschwanz, du!«

Keifend begannen sie wieder, aufeinander einzuhacken. Der Rabe flog weiter; er schüttelte den Kopf und murmelte: »Der Frieden der Tauben ist Krieg.«

Nachdem der kleine Rabe seinen Hunger auf der Weide gestillt hatte, flog er in die Höhe, um nach Wasser zu suchen. Er sah einen kleinen Fluss in der Ferne. Dort angekommen, traf er einen Waschbären.

Er grüßte ihn höflich und fragte nach dem Weg zum Pfau.

»Schau diesen Hügel in der Ferne! Die Wege gabeln sich dort. Du fliegst über den linken Pfad, bis du einen kleinen See erreichst. Dort auf einer Wiese lebt dieser Angeber.«

Der kleine Rabe bedankte sich bei dem hilfsbereiten Waschbären und flog davon. Nach einer kurzen Zeit erreichte er die Pfauenwiese an dem kleinen See. Ein Pfau stolzierte mit seinem prächtigen Rad umher, während Frau Pfau in ihrem bescheidenen Kleid nach Essen suchte und ihren Kindern zuredete, die gefundenen

Körner aufzupicken. Hasen, Amseln, Fasane und Spatzen schauten verzaubert auf den Pfau.

»Warum bist du so stolz?«, fragte ihn der kleine Rabe vorwitzig.

»Siehst du das denn nicht, dummes Ding? Ich kann von Sonnenaufgang bis Sonnenuntergang ein Rad schlagen.«

»Ja, und?!«, erwiderte der kleine Rabe wütend.

»Das kann kein anderer Vogel«, antwortete der Pfau.

»Hast du keine Augen im Kopf? Sieh doch die farbige Pracht seiner Federn, so etwas hat nicht jeder, dummer Schnabel!«, zürnte die Gans.

»Ja, aber jeder Vogel ist in seinen Federn schön. Schaut, wie meine Federn im Sonnenlicht glänzen und bläulich schimmern«, antwortete der Rabe und versuchte, mit seinen Flügeln die Sonnenstrahlen aufzufangen.

»Bläulich glänzen, haha!«, lachte der Pfau laut.

»Du bist doch pechschwarz!«, rief die Gans.

»Ja, und?! Jeder Vogel ist schön, aber du langweiliger Pfau kannst nichts anderes als Rad schlagen. Kannst du kein Spiel, das die anderen auch spielen können?«, wollte der Rabe wissen.

»Ich kann alles«, antwortete der Pfau angeberisch.

»Kannst du auf dem Schnabel stehen?«

»Auf dem Schnabel?«, wiederholte der Pfau verdutzt.

»Ja, auf dem Schnabel«, nickte der kleine Rabe, steckte seinen Schnabel in den Sand und mit einem Ruck reckte er seine dünnen Beine in die Luft. Mit seinen Flügeln versuchte er das Gleichgewicht zu halten.

»Irre!«, rief die Elster.

»Toll!«, klatschten die Spatzen.
»Sagenhaft!«, grunzte ein Frischling.
»Nichts leichter als das!«, sagte der Pfau eifersüchtig und versuchte es. Kreischend fiel er auf den Rücken und knickte drei seiner langen Federn um.
»Der Wind hat mich umgestoßen«, rief er wütend und schlug ein Rad. Beim nächsten Versuch fiel er aber wieder um, knickte zwei weitere seiner schönen langen Federn, und seine Krone war ganz durcheinander geraten. Der kleine Rabe krächzte belustigt, als der Pfau wieder sein Rad schlug, denn er sah mit den geknickten Federn wirklich jämmerlich aus.

Nun hüpften viele Vögel kopfüber ins Gras und versuchten, sich auf den Schnabel zu stellen. Den Spatzen gelang es gleich, die Gans fiel flach auf den Bauch, und die Elster schimpfte laut, weil der Fasan über sie gestolpert war, als sie es beinahe geschafft hatte.

»Das ist ja Unsinn! Schaut lieber zu, wie schön ich mein Rad schlagen kann!«, rief der Pfau wütend und stolzierte aufgeregt vor ihnen herum. Doch kein Vogel interessierte sich mehr für ihn, nicht einmal Frau Pfau. Sie fand das Spiel nämlich lustig und lachte, weil sie laufend umfiel, und freute sich, als es ihrem jüngsten Küken gelang.

»Ja, es ist Unsinn, aber es macht mehr Spaß, als immer nur dir zuzuschauen«, rief der kleine Rabe und krächzte vergnügt, als auch er flach auf den Boden fiel, denn er hatte vergessen, dass er nicht den Schnabel aufmachen durfte, wenn er darauf stand.

»Frecher Bengel, dir werde ich Benehmen beibringen!«, rief der Pfau und rannte hinter dem kleinen Raben her, der eilig in einem Brombeerstrauch verschwand. In seiner Wut vergaß der Pfau, dass er noch seine Federn ausgebreitet hatte, und verfing sich in den dornigen Ranken, so dass er weder vorwärts noch rückwärts konnte. Der kleine Rabe aber tauchte auf der anderen Seite wieder auf.

»Wir müssen ihm helfen«, rief er und zupfte eine lange Feder aus dem Rad. Die anderen Vögel kamen ihm lachend zu Hilfe, rupften dem Pfau die Federn und halfen ihm, rückwärts aus den Brombeerranken herauszukommen. Wütend schrie der Pfau auf und wollte ein Rad schlagen. Die Vögel lachten über seinen nackten Hintern.

»Du siehst aus wie ein Brathähnchen«, rief Frau Pfau und schloss sich dem Gelächter der anderen an.

Die Vögel aber erfanden viele lustige Spiele mit den Federn. Sie kitzelten sich gegenseitig, fächerten sich Luft zu und schmückten sich damit, als wäre es Karneval. Sie warfen eine Feder in die Luft und schauten zu, wie sie sanft auf den Boden segelte.

Der kleine Rabe jedoch trug eine der bunten Federn, so schnell er konnte, nach Hause. Seine Mutter war überglücklich, ihn heil und gesund wieder zu sehen, und freute sich über das schöne Geschenk, mit dem sie stolz ihr Nest schmückte. Sie küsste ihn, streichelte lange seinen Kopf und hörte aufmerksam seiner Geschichte zu. Auch viele Rabenkinder hörten die Erzählung des tapferen Raben, hüpften aus ihren Nestern und baten ihn, ihnen den Weg zu zeigen. Als sie die Pfauenwiese erreichten, sahen sie, wie die anderen Vögel mit den Pfauenfedern spielten. Das machte ihnen so viel Spaß, dass sie an diesem Tag zehn anderen Pfauen die Schwanzfedern raubten und damit nach Hause zurückflogen.

Seit diesem Tag schlägt der Pfau nie mehr sein Rad von Sonnenaufgang bis Sonnenuntergang. Nur kurz entfaltet er seine Federn und kreischt dabei laut, weil er sich an diesen bösen Tag erinnert. Auch passt er höllisch auf, dass kein Rabe in der Nähe ist.

Der Fliegenmelker

 Nein! Ich werde weder den Tauben noch den Blinden spielen! Verrückt werde ich sein, wenn sie im nächsten Jahr bei der Musterung zum Militär prüfen wollen, ob ich tauglich bin. Ich hasse den Krieg. Ich bekomme immer Angst, wenn die syrischen Jagdbomber tief über die Stadt Damaskus fliegen, um uns Mut zu machen. Meine Mutter hasst den Krieg noch viel mehr als ich, sie hat einen Bruder verloren, den letzten von dreien. Die beiden ersten wollten ein paar Jahre in Amerika arbeiten und dann wie die Könige im Dorf herumstolzieren, doch sie kehrten nie wieder zurück.

In der Schule war es komisch. Wenn ich mit meinen Mitschülern unter vier Augen sprach, sagte jeder von ihnen, dass er den Krieg verabscheute, aber wenn die Schulleitung einen Demonstrationsmarsch verordnete, schienen die Schüler sich über den freien Tag zu freuen. Mancher sprang nach vorne und rief so laut, als wollte er am liebsten geradeaus an die Front gehen und allein Palästina befreien. Meine Mutter sagte, wenn man die Jubelnden beim Wort nähme, ihnen eine Waffe in die

Hand drückte und sagte: Nun geh und befreie Palästina, dann würden die Palästinenser allein dastehen. Die anderen würden sagen: Tut mir Leid, ich bin zu beschäftigt, habe Kinder und bin sowieso dienstuntauglich.

Ich fragte Onkel Salim, wie ich mich denn am besten vor dem Militärdienst drücken könnte. Ihn konnte ich danach fragen, weil er auch keinen Dienst geleistet hatte. Er schämte sich auch nie deswegen, im Gegenteil, er protzte immer damit, vier Jahre auf der Flucht vor der Armee in den Bergen verbracht zu haben.

»Heute prüfen sie die Tauglichkeit der jungen Männer mit ihren Teufelsgeräten. Aber auch ohne Geräte haben die Militärs zu meiner Zeit alle erwischt, die so taten, als könnten sie keinen Dienst mit der Waffe leisten. Nur gerissene Füchse konnten vor der Kommission die Prüfung bestehen.«

»Wie denn?«, fragte ich neugierig, weil ich von einer solchen Prüfung noch nichts gehört hatte.

»Man muss starke Nerven haben, muss behaupten, man tauge nicht für die Armee, und muss vor der brutalen Kommission alle Prüfungen bestehen. Natürlich lohnt es sich, eine halbe Stunde lang die Nerven zu behalten und nicht auf ihre Tricks hereinzufallen. Man spart mehrere Jahre blödsinnigen Militärdienst. Die Kommission weiß das natürlich, und sie weiß auch, wenn sie nicht brutal vorgeht, wird die Hälfte der Bevölkerung sich blind stellen und die andere Hälfte taub. Die, die freiwillig für einen Staat sterben wollen, der ihnen Hiebe statt Brot gibt, Gefängnisse statt Schulen baut, sind tatsächlich Idioten, mit denen die Militärs nichts anfangen können.«

»Was habt ihr damals gemacht?«, fragte ich Onkel Salim. »Hast du dich taub und stumm gestellt?«

»Viele arme Teufel versuchten es mit Hautkrankheiten. Sie rieben sich mit irgendwelchen Giftpflanzen ein, bis sie rot waren wie Krebse und ihre Haut eiterte, aber die Kommission ließ sie in den Kerker werfen, bis ihre Haut heilte und ihre Seele erkrankte. Manch anderer war ehrlicher und erzählte von seinem Gewissen, das ihm verbieten würde, auf andere zu schießen. Den schickte die Kommission an die Front und sagte ihm, er brauche auf niemanden zu schießen, er solle sich erschießen lassen, damit seine Kameraden den Sieg davontragen könnten. So würde er seinem Gewissen und dem Vaterland einen Dienst erweisen. Und Stummheit? Stummheit wird gar nicht zur Prüfung zugelassen, denn ein stummer Soldat ist ein guter Soldat.«

»Ja, was bleibt einem denn dann übrig?«

»Nur Blindheit und Taubheit machen den größten Koloss für die Armee untauglich.«

»Du hast doch keinen Militärdienst geleistet. Hast du vorm Krieg Angst gehabt?«

»Angst? Salim und Angst? Freund, ich habe nicht einmal Angst vor einem Löwen! Aber warum soll ich jemanden umbringen, den ich nicht kenne, für jemanden, den ich gut kenne und dem ich am liebsten den Hals umdrehen würde? Nein! Ich habe keine Angst vor dem Tod. Vier Jahre bin ich in den Bergen geblieben. Einen Suchtrupp nach dem anderen habe ich verrückt gemacht. Ich war allein, aber ich kannte die Berge wie meine Westentasche, und die Soldaten verirrten sich hinter mir, bis sie alt und grau wurden.«

»Aber warum? Warum hast du dich nicht blind gestellt?«

Onkel Salim lachte kurz, dann schüttelte er den Kopf und murmelte leise vor sich hin. Er zog immer wieder an seiner Wasserpfeife und blies den Rauch langsam aus seinen Nasenlöchern durch den ergrauten Schnurrbart. Onkel Salim tut dies oft, wenn er eine unangenehme Erinnerung hat. Ich habe gelernt, in solchen Fällen einfach ruhig abzuwarten, bis der alte Mann seinen Schmerz überwunden hat, denn dann erzählt er von allein.

»Ja«, sagte er nach einer Weile leise, als würde er unter dem Gewicht seiner Erinnerung leiden. »Ich habe erst gedacht, ich werde mich blind stellen, aber das ist schwer. Ich habe es zu Hause versucht, doch konnte ich nicht einfach einen Hocker übersehen und so kopfüber stolpern, als hätte ich ihn nicht bemerkt. Drei Tage lang habe ich geübt, bis ich es fertig brachte, über Stühle und Menschen zu stolpern, aber dann wollte ich, dass mein Freund, der Metzger Ali, mich prüft. Er kam zu mir und lachte sich halb tot über meine Vorbereitung, denn als er mit der Hand vor meinen Augen wedelte, zuckte ich mit den Wimpern. Die ganze Schauspielerei umsonst. Mein Freund riet mir auch davon ab, denn bei der Militärkommission, das hatte er erfahren, wetzen sie ein scharfes Messer vor deinen Augen, und darauf fallen alle rein. Einen wahren Heldenmut muss man haben, um nicht mit der Wimper zu zucken, wenn einer plötzlich mit einem scharfen Messer so auf dich losgeht, als wollte er dir die Augen ausstechen. Nein, da blieb mir nur noch Taubheit. Man kann sich taub stellen, oder?«

»Sicher, Onkel. Frage meine Mutter. Sie hält mich schon jetzt für taub«, scherzte ich.

Onkel Salim lachte.

»Aber, mein junger Freund, die Kommission besteht nicht aus Müttern. Wenn sie aus Müttern bestehen würde, wären alle Jugendlichen für dienstuntauglich erklärt; aber in der Kommission waren zu unserer Zeit lauter unzufriedene Offiziere. Brutal und kalt. Das wusste ich schon, deshalb bereitete ich mich auf alle möglichen Tricks vor und überzeugte meinen Freund, dass ich fest im Sattel saß. Mit dieser Gewissheit bin ich zur Musterung gegangen, aber meine Knie wurden immer weicher, je näher ich der Musterungsstelle kam. An der Tür stand ein Soldat. Ich meldete mich zur Musterung. Es waren nicht viele andere da, vielleicht drei oder vier vor mir. Als ich dann an die Reihe kam, klopfte ich an die Tür des großen Raumes. Ein Wachposten öffnete die Tür und ließ mich herein. Drei Unteroffiziere saßen gedrängt an einem Tisch. Ein älterer Offizier saß an einem Schreibtisch aus schönem Nussbaumholz. Er schien einige Rangstufen höher zu sein. Ich marschierte mit ziemlichem Herzklopfen in die Mitte des Raumes, dann blieb ich stehen.

›Name!‹, bellte einer der Unteroffiziere.

Ich antwortete nicht, sondern blickte in die Gegend, als hätte der Offizier zu jemand anderem gesprochen.

›Hörst du nicht, du blöder Hund?‹, rief er laut, als ich ihn endlich ansah. Ich kochte vor Wut, aber ich hab diesen Zuhälter angelächelt, als hätte er mir einen guten Morgen gewünscht.

›Bist du taub? Ich hab dich nach deinem Namen gefragt!‹ Das war der erste Trick. Ein Nicken genügt, und du bist durchgefallen. Ich bin starr stehen geblieben und hab den Offizier weiter angestarrt.

›Ach! Da steht es‹, rief einer der anderen, als er in meiner Akte gewühlt hatte. Ich hatte ja Wochen davor schon den Antrag auf Befreiung vom Dienst wegen Taubheit eingereicht.

›Der Kerl behauptet, er sei taub‹, ergänzte er und fragte lachend, ob ich taub oder schwerhörig sei. Auch diesen zweiten Trick habe ich niedergeschmettert. Ich blieb völlig kalt. ›Das tun sie doch alle, diese Hurensöhne, bloß damit sie sich vor dem Dienst drücken können‹, schimpfte der ranghöhere Offizier.

Also weißt du, was ich gemacht hätte, wenn einer auf der Straße meine Mutter eine Hure geschimpft hätte? Ich hätte ihm sofort mein Messer in die Rippen gestoßen als Erinnerung, dass man Mütter nie als Huren bezeichnet, selbst wenn sie tatsächlich durch Hurerei das Brot für ihre Kinder verdienen müssen. Nein! Ich blieb starr, als wäre ich ein Eisblock. Der Offizier stand auf und kam auf mich zu. Er lächelte auf einmal gütig.

›Sage mir, mein Sohn, willst du vom Dienst befreit werden?‹, flüsterte er mir zu. Beinah hätte ich genickt, aber ich habe dann doch schnell kapiert, was dieser Fuchs im Schilde führte. Ich ließ ihn einfach gütig weiterflüstern und sagte ab und zu:

›Mein Name ist Salim. Mein Vater? Er ist schon gestorben. Nein, ich bin nicht verheiratet. Jawohl, Herr Offizier!‹

Langsam wurde er wieder zornig.

›Ja, hast du denn kein Rückgrat? Der Islam ist bedroht und du willst dich von deiner heiligen Pflicht befreien?‹

›Er ist doch Christ!‹, unterbrach ihn ein Unteroffizier höflich.

›Aha! Da haben wir es!‹, rief der Offizier aus, als ob er die Erlösung für seine Seele bekommen hätte. Ich habe nie gedacht, dass ich den Krieg hasse, weil ich ein Christ bin. Ich hasse ihn, weil ich ein Mensch bin, und es ist mir scheißegal, ob der Islam oder das Christentum bedroht ist.
›Das ist eine Verschwörung!‹, schrie der Offizier jetzt wie am Spieß. ›In letzter Zeit stellen sich so viele Christen blind und taub.‹
Plötzlich hörte ich, wie sich einer hinter mich schlich, dann hielt er still. Auf einmal klimperte es hinter mir, als wären aus seiner Tasche einige Geldmünzen gefallen. Ich hab mich aber nicht umgedreht, denn darauf war ich gefasst. Sie lassen Geldstücke auf den Boden fallen, und welcher arme Teufel wird sich nicht danach bücken?
›Ich glaube wirklich, er ist taub‹, rief einer der Unteroffiziere. Ich hab erleichtert aufgeatmet.
›Nun gut, komm mal her, mein Sohn, und nimm deine Papiere, du bist entlassen‹, murmelte der Offizier von seinem Platz hinter dem eleganten Tisch und tat so, als wäre er schon mit den Unterlagen von einem anderen beschäftigt.
Ha, aber nicht mit mir! Den Trick kannte ich auch, die letzte Falle! Nachdem du dich entspannt hast, kommst du zu schnell aus deiner Reserve. Nein, nicht mit Salim!
›Der Mann ist nicht nur taub, er ist verblödet‹, rief der Offizier verzweifelt, dann winkte er mit der Hand, dass ich zu ihm kommen sollte.
›So, du kannst gehen, feiger Hund‹, sagte er und winkte ab, ich sollte verschwinden.
›Ich danke dir, Herr Offizier‹, sagte ich und ging. Aber

ich hatte noch nicht einen Schritt auf den Wächter zugemacht, als ich den Offizier flüstern hörte:

›Wenn er dich erreicht, schlag ihm mit deiner Faust ins Gesicht. Dieser Schweinefresser soll das als Erinnerung mit nach Hause nehmen.‹

Ich schritt auf den Wächter zu, und als ich ihn erreichte, war ich äußerst angespannt, um mein Gesicht in dem Augenblick zu schützen, wenn der Wächter seine Hand hochheben würde. Da holte er schon aus, und ich riss beide Hände hoch, um mein Gesicht zu schützen. Aber der Schlag kam nicht, stattdessen hörte ich das Gelächter der Offiziere. Ich nahm die Hände vom Gesicht und sah, dass der Wächter sich überhaupt nicht bewegt hatte.

›Armer Teufel, sie haben dich reingelegt. Beinah wärst du durchgekommen‹, flüsterte der Soldat mir mitleidig zu. Ich war voller Zorn. Wie ein Löwe fing ich an zu brüllen und stürmte auf das große Fenster hinter dem Offizier zu. Mit einem Satz war ich durch das Fenster gesprungen. Ich hörte noch, wie jemand schrie:

›Haltet ihn, haltet den Verrückten‹, aber da war ich auch schon durch den Garten gestürmt und blieb danach vier Jahre in den Bergen.«

Seit Onkel Salim mir seine Geschichte erzählt hat, bereite ich mich ganz genau auf meinen Musterungstag vor.

»Name?«, wird mich der Unteroffizier fragen.

»Rentner«, werde ich laut antworten.

»Wohnort?«, wird der verblödete Unteroffizier fragen, der die erste Antwort sorgfältig aufgeschrieben hat.

»Honolulu«, werde ich antworten. Wer weiß, vielleicht ist er gar nicht so blöd und tut nur so.

»Beruf?«, wird er fragen, nachdem er die letzte Antwort allen Ernstes aufgeschrieben hat.
»Fliegenmelker«, antworte ich dann.
Aber was ist, wenn er alles glaubt?
Verrückt zu sein ist gar nicht so einfach.

Der einäugige Esel
oder
Wie einer auf dem Richter reiten wollte

In Malula lebte einst ein reicher Bauer, der viele Länder und Orte bereiste. Wenn er dann zurückkam, erzählte er von seinen Abenteuern in der Fremde, und die Bauern achteten ihn sehr, weil viele von ihnen nie die große Welt draußen gesehen hatten. Der Bauer hielt sich für den klügsten Mann im Dorf, denn nicht einmal der Dorfälteste wagte es, ihm zu widersprechen.

Er heiratete eine junge und kluge Frau, hatte aber keine Achtung vor ihr.

Wenn sie ihm einen Rat geben wollte, unterbrach er sie: »Schweig, von dir brauche ich keinen Rat. Ich weiß es besser!«

Eines Tages kaufte der Mann auf einer seiner Reisen für hundert Piaster einen einäugigen Esel.

Seine Frau war erbost über den schlechten Handel, und sie versuchte, ihrem Mann zu erklären, dass er von den Städtern reingelegt worden sei, aber dieser schrie sie nur an: »Was verstehst du schon vom Handel? Dieser Esel ist kein einfaches Lasttier. Er ist klug und weise. Du wirst es sehen.«

Er fütterte den Esel mit dem besten Getreide. Dieser war aber ein gemeines Tier. Er schlug fortwährend aus, sobald sich die Frau ihm näherte.

Wenn sie sich darüber beschwerte, verhöhnte der Bauer sie.

»Er ist klüger und nützlicher als du«, sagte er und zeigte ihr, wie sanftmütig der Esel wurde, wenn er auf ihn zuging. Und in der Tat, der Esel fügte sich ergeben dem Willen seines Herrn, was dieser ihm auch immer befahl. So begann die Frau, den Esel zu hassen.

Kurze Zeit später musste der Bauer wieder eine Reise antreten, und er befahl seiner Frau: »Gib gut Acht auf den Esel, lass ihn keinen Hunger leiden. Was du ihm zufügst, tust du mir an.«

Gegen Mittag kam ein Händler, der Kleider und Schmuck von Haustür zu Haustür feilbot. Der Frau gefiel eine schöne Halskette und ein Kleid aus gutem Stoff und so bot sie dem Mann kurzerhand den Esel dafür.

Der Händler schaute auf den wohlgenährten Esel, und da er sich wünschte, endlich seinen müden Rücken von der Last seines schweren Bündels zu befreien, nahm er den Esel und zog davon.

Nach einer Woche kehrte der Bauer zurück. Seine Frau schmückte sich mit der Kette und zog das schöne Kleid an, doch ihr Mann interessierte sich nicht für sie.

»Wo ist der Esel, Frau?«

»Lieber Mann«, erwiderte sie, »ich ging, wie du mir befohlen hast, ihm Futter zurechtzumachen. Die beste Gerste habe ich ihm gebracht, und was sehe ich da? Er hatte sich inzwischen in einen Richter verwandelt. Er sagte mir, er hätte keine Lust mehr, in deinem stinkenden Stall zu stehen und dich mit deinem fetten Bauch zu tragen. Das hat der verdammte Esel gesagt und ist in die Stadt gegangen, um über die Menschen zu richten.«

»Das habe ich nun von diesem undankbaren Vieh! Ich werde ihm zeigen, wer der Herr und wer der Esel ist. Hat er dir gesagt, wo er ist?«

»Ja, am Gerichtshof in der Hauptstadt.«

»Na warte, ich werde ihn zurückbringen!«, rief der Mann und beeilte sich, in die nahe Hauptstadt zu kommen.

Dort fragte er nach dem Gerichtshof, und als er das prächtige Gebäude sah, stöhnte er: »Natürlich hast du es hier besser, aber ich bin nun mal dein Besitzer.«

Er nahm ein Büschel Gras und lief suchend von Raum zu Raum, bis er einen einäugigen Richter fand.

Er betrat den Saal, wedelte mit dem Gras und rief: »Komm! Komm, komm! Du Verfluchter, hast du die Gerste vergessen, die du bei mir gefressen hast? Komm!«

Da fragten ihn die Leute, die im Gerichtssaal saßen: »Was sagst du, Mann?«

»Der Richter ist mein Esel«, antwortete er. »Er hat meine Frau zum Narren gehalten. Sie ist ein dummes Weib. Aber er hat auch noch mich beschimpft. Jetzt sitzt er da und spielt den Richter. Nicht mit mir! Komm, du Hurensohn, komm!«, rief er wieder und wollte zum Richter vortreten.

»Und woher weißt du, dass der Richter wirklich dein Esel ist?«, wollte einer der Anwesenden wissen.

»Er ist einäugig«, antwortete der Bauer bestimmt. Die Leute lachten.

»Der Esel bist du! Weißt du, dass dieser Richter dich mit einem Wink seines Fingers an den Galgen bringen kann? Sei doch froh, dass er dich nicht gehört hat, du Dummkopf!« Sie warfen den Bauern hinaus.

Inzwischen war der Richter auf die Unruhe im Saal aufmerksam geworden und fragte nach dem Grund. Einer erzählte ihm von dem verrückten Bauern. Der für seine Weisheit berühmte Richter hörte die Geschichte und lächelte. »Lasst den Mann hereinkommen!«, befahl er.

Der Bauer zitterte vor Angst.

»Hab keine Angst, komm näher«, beruhigte ihn der Richter, und als der Mann ganz nahe bei ihm stand, fragte der Richter leise: »Wie viel war ich damals als Esel wert?«

»Fünfhundert Piaster, Euer Ehren!«, sprach der Mann mit trockener Kehle.

»Nun, hier sind deine fünfhundert Piaster, nimm sie und geh nach Hause, aber sei so gut und verrate es niemandem hier, sonst kann ich nicht mehr richten.«

Er gab dem Bauern das Geld, und dieser eilte erleichtert davon.

Zu Hause angekommen, fragte ihn seine Frau: »Nun, was hast du erreicht?«

»Was habe ich dir gesagt?«, antwortete er. »Der Esel war doch kein gewöhnliches Lasttier. Der Verfluchte saß auf einem schönen Stuhl und richtete über die Menschen. Und wenn ich nicht so klug wäre, hätte er mich an den Galgen gebracht.«

Das war die letzte Angeberei dieses Mannes, denn von nun an hörte er auf seine Frau und lebte glücklich bis zum Ende seiner Tage.

Der kluge Rabe
oder
Der Fuchs als Pilger

Als der Fuchs alt geworden war und keine fette Beute mehr machen konnte, stieg er auf einen hohen Stein und rief laut: »Hört, ihr lieben Tiere! Ich will hiermit verkünden, dass ich all meine Sünden bereue. Viele von euch habe ich reingelegt. Nicht einmal vor dem Löwen habe ich Halt gemacht.«

»Das kann man wohl sagen«, brüllte der Löwe. »Ja, ja, du warst der Meister der Lüge«, meckerte eine Ziege.

»Und nun, was willst du uns jetzt weismachen?«, fragte die Eule erhaben und blickte in die Ferne.

»Ja, genau, was für einen Trick hast du, altes Schlitzohr, jetzt wieder auf Lager?«, jaulte der Wolf, der so oft unter dem Fuchs gelitten hatte.

»Gar nichts will ich euch weismachen«, antwortete der Fuchs und senkte die Augen, »ich habe jetzt erkannt, dass das Glück der Frommen dauerhafter ist als das der Listigen. Ich will allein zu unserem heiligen Ort pilgern. Ich habe euch zusammengerufen, damit ich Abschied nehmen und euch um Verzeihung bitten kann. Man kann nie wissen, die Reise geht durch die Wüste und über die Berge, und überall lauert unser aller Feind: der Mensch. Vielleicht muss ich wegen meines lausigen Pelzes dran glauben. Daher ist es mein innigster Wunsch, euch alle um Vergebung zu bitten, wenn euer großes Herz ...« Dicke Tränen erstickten seine letzten Worte.

Der Löwe kratzte sich am Ohr. »Höre ich richtig? Der Fuchs will ein frommer Pilger werden?«

»Eher werde ich Vegetarier, als dass ein Fuchs jemals sein Herz der Frömmigkeit öffnet!«, erwiderte der Wolf misstrauisch.

»Man sollte nicht so unbarmherzig sein«, widersprach die Gans.

»Ja, genau, schaut doch seine Tränen«, bestätigte ein Hammel, als eine Ziege die Gans auslachte. Die Tiere debattierten lange, doch der Fuchs rief plötzlich: »Lebt wohl, ihr barmherzigen Tiere!« Und nun fühlte sogar der skeptische Wolf Mitleid mit dem reuigen Fuchs.

»Komm gesund zurück, zieh in Frieden!«, hallten die Rufe der Tiere ihm nach.

Noch viele andere Tiere waren auf der Pilgerreise. Sie schlossen sich zu kleinen Reisegesellschaften zusammen, um die Strapazen der Reise zu mildern und die Langeweile der öden Strecke zu verkürzen. So gesellten sich am nächsten Tag ein einsamer Hahn, ein Pfau, eine Gans, ein Rabe und ein Hase zum Fuchs.

Der Hase hetzte die Mitreisenden zu immer schnellerem Gang. Er rannte ihnen voraus, hielt kurz an und rief zurück: »Wo bleiben denn die Tapferen?«

Als es dunkel wurde, brachen die Tiere erschöpft zusammen, doch der Hase hüpfte ganz vergnügt im Kreis herum, als mache ihm das Reisen überhaupt keine Mühe.

»Also mir geht er langsam auf die Nerven. Er ist viel zu schnell«, flüsterte der Fuchs.

»Mir auch, ich habe kein Gefühl mehr in meinen Füßen«, bestätigte die Gans. Auch die Übrigen grollten dem Hasen, bei dessen Anblick sie sich um Jahre gealtert fühlten.

»Was haltet ihr davon, wenn ich ihn verjage?«, fragte der Fuchs.

»Wie willst du das anstellen?«, fragte der Pfau.

»Er verwechselt Schnelligkeit mit Tapferkeit. Ich werde ihm aber zeigen, dass er es zwar in den Beinen, aber nicht im Herzen hat. Ich werde ihn so erschrecken, dass er sich seiner Feigheit schämt und im Dunkeln verschwindet«, sprach der Fuchs leise und beobachtete den Hasen, der auf einem Hügel saß und den Mond betrachtete. Nicht einmal der ansonsten so misstrauische Rabe fand den Vorschlag schlecht, dem Angeber etwas Bescheidenheit beizubringen. So geschah es, dass der Fuchs zum Hasen hinüberschlich. Nach einer Weile hörten alle den Hasen erschrocken um Hilfe rufen. Die Tiere lachten. Ein jämmerliches Piepsen folgte, dann trat Stille ein.

Es dauerte lange, bis der Fuchs zurückkehrte. »Ich habe ihn so erschreckt«, sagte er, »dass er uns für immer in Ruhe lassen will.« Immer wieder prahlte er mit seiner Tat, bis der Hahn gähnte.

»Ich muss schlafen gehen!«, sagte er.

»Warum so eilig? Lasst uns doch etwas miteinander die Nacht genießen. Es ist eine Ewigkeit her, dass so verschiedenartige Tiere in solcher Eintracht miteinander reisten«, sagte die Gans, doch der Hahn setzte sich auf einen abseits stehenden Baum und war nach einer

Weile fest eingeschlafen. Die anderen unterhielten sich bis tief in die Nacht. Alsbald aber weckte sie der Hahn. Schon in der ersten Morgendämmerung krähte er so laut, dass seine Reisegefährten erschreckt hochfuhren und ihn böse anstarrten.

»Muss das sein?«, fragte der Fuchs.

»Ich verstehe die Hühner nicht. Sie verzichten auf die süße Nacht, um den Lebewesen mit ihrem Krach den Morgen zu vergällen«, jammerte die Gans.

»Munter sollt ihr werden, ihr Anbeter der Nacht. Habt ihr noch nie den weisen Spruch gehört: Morgenstund hat Gold im Mund?«, krähte der Hahn, doch der Rabe konnte die Augen kaum öffnen. Er gähnte und nickte wieder ein.

»Ja und, was hat man davon, wenn man vor lauter Müdigkeit nicht einmal den eigenen Schnabel aufsperren kann?«, bemerkte der Pfau schroff.

»Wer zuerst kommt, mahlt zuerst!«, setzte der Hahn sein Gekrächze fort.

»Hat dich eine Eule aufgezogen, dass du in der Morgendämmerung und auf nüchternen Magen solche Weisheiten ausspuckst?«, fragte der Fuchs erbost, doch durch nichts ließ sich der Hahn seine gute Laune verderben. Er stupste den Raben an.

»Auf geht's, Sohn der Finsternis. Kein Wunder, dass deine Stimme so grässlich ist. Nur wenn sich deine Augen an Sonne und Morgenluft laben, wirst du Gold in deiner Kehle haben«, krähte er laut, doch der Rabe winkte ab. »Geht nur«, gähnte er, »ich fliege euch nach.« Und so setzte die Pilgergesellschaft ohne ihn ihre Reise fort.

Gegen Mittag wachte der Rabe ausgeruht auf. Er stillte seinen Hunger auf den nahen Feldern und flog dann hoch in den Himmel, um nach seinen Weggenossen Ausschau zu halten, doch weit und breit waren sie nicht mehr zu sehen. Eine herrliche Landschaft erstreckte sich unter seinen Augen und verlockte den Raben zum Bleiben, doch Raben ziehen eine gesellige Hölle einem einsamen Paradies vor. So eilte der Rabe gen Süden. Erst am frühen Nachmittag holte er die ermatteten Pilger ein. Sie fluchten alle über den Hahn, der sie aus dem Schlaf gerissen hatte, doch der Sonnenwecker ermahnte sie, sich vor der Verführung der Nacht in Acht zu nehmen. Als es Abend wurde und der kühle Wind heraufzog, legten sich die Reisenden nieder. Der Mond stieg in den klaren Himmel auf und bezauberte die Ermüdeten. Der Pfau, der schon in seinen jungen Jahren an den vornehmsten Höfen Dichtung und Gesang gelernt hatte, hob an, die Schönheit des Mondes zu preisen, doch der Hahn krähte: »Geh lieber schlafen, kranker Fuß, sonst singst du uns morgen nur noch deine Klagelieder vor!« Er lachte verächtlich, hockte sich auf einen Ast und schlief sofort ein.

Der Pfau schaute verdutzt in die Gegend. »Also das macht mich langsam krank. Was geht das ihn an, wenn ich bis zum Mittag schlafe und die Nacht wach bleiben will?«

»Hühner sind nun mal besonders stumpfsinnig«, bestätigte die Gans.

»Ich finde es auch langsam öde, mit ihm zu reisen. Fromm werden wir sowieso bald und für immer. Was schadet es, dass man die Augen an dem Glanz deiner Federn weidet, wenn sie der Mond mit seiner zärtlichen Hand berührt«, sprach der Fuchs zum Pfau. Dieser stieß einen Freudenschrei aus und schlug sein Rad. Pfauen schätzen das Lob über alles.

»Er schnarcht schon«, krächzte der Rabe und schüttelte den Kopf.

»Der Gemeinschaft zuliebe werde ich euch von diesem Störenfried befreien!«, brummte der Fuchs zornig.

»Mach, was du willst. Ich suche mir einen Platz aus, wo der Quälgeist mich nicht wecken kann«, sagte der Pfau und machte sich auf die Suche nach einem ruhigen Ort. Nach einer Weile folgte ihm die Gans. Auch dem Raben fielen bald die Augen zu. Mit letzter Kraft flog er in den Wipfel eines alten Walnussbaumes und schlief alsbald ein. Keiner von ihnen bemerkte, dass der Fuchs den Hahn fraß. Am nächsten Morgen standen alle erholt von ihrem ruhigen und langen Schlaf auf, und als der Pfau nach dem Hahn fragte, antwortete der Fuchs: »Ich habe es wider Willen für euch getan.« Die drei Vögel nickten verständnisvoll.

Es war eine anstrengende Reise. Der Weg führte durch eine Steppe und die Sonne brannte erbarmungslos auf die Reisenden nieder. Mit letzter Kraft erreichten sie am Abend eine kleine Pfütze, in der sich etwas Regenwasser angesammelt hatte. Als die Gans die Pfütze erblickte, flog sie voraus und landete vergnügt mitten im Wasser. Nachdem sie genug getrunken hatte, planschte sie genüsslich im Wasser herum, bis es ganz trüb wurde. Als die drei durstigen Reisegenossen ankamen, starrten sie entsetzt in den schlammigen Brei. Die Gans drehte sich fröhlich singend im Wasser, doch langsam bemerkte sie die schlechte Laune ihrer Mitreisenden.

»Komm, genieß das nasse Element«, rief sie dem Pfau zu, doch dieser drehte nur angeekelt sein Gesicht zur Seite. »Es stinkt ja nach deinem Fett«, antwortete er. Nicht einmal der bescheidene Rabe mochte seinen Durst stillen. Das Wasser schmeckte ihm nicht. »Blöde Gans. Sie ist so selbstsüchtig. Sie geht über unsere verdursteten Leichen. Ich könnte ihr den Hals umdrehen!«, zürnte der Pfau.

»Gesagt, getan!«, bellte der Fuchs und sprang der Gans an die Gurgel. Nach einem kurzen Kampf lag die Gans tot am Boden. Der Rabe zog sich angewidert zurück. Er hörte noch lange den Fuchs schmatzen. »Du hast es verdient, blöde Gans. Warum hast du auch das Wasser verdorben? Hm? Jetzt bist du sprachlos, was?«, rief der Fuchs immer wieder.

Am nächsten Tag erreichten die drei eine Oase, in der viele Tiere eine Rast einlegten, bevor sie zur letzten und anstrengendsten Etappe ihrer Reise aufbrachen. Eine große Quelle spendete genug Wasser, das klar im Bach plätscherte.

»Was für ein Paradies!«, freute sich der Fuchs beim Anblick der vielen fetten Enten, Hasen und Lämmer.

»Ja, wahrlich, und ich bin der einzige Pfau«, stellte der König der Vögel befriedigt fest.

»Was machst du mit einem solch langen Schwanz?«, fragte ihn ein Lamm, das zum ersten Mal in seinem jungen Leben einen Pfau sah.

»Ich schlage ein Rad, das in seiner Schönheit Sonne und Mond übertrifft«, kreischte der Pfau und entfaltete seine Federpracht. Das Lamm erschrak und rannte blökend zu seiner Mutter.

»Oh, oh, wie schön. Welch wunderbare Herrlichkeit!«, staunten die Tiere, und der Pfau stolzierte herum. Der Fuchs ging auf und ab. Er flüsterte dem Raben zu: »Was für ein Angeber. Ich hätte ihn für seinen Hochmut gerne getadelt, doch er würde mir vorwerfen, ich sei eben ein Fuchs und verstünde die Seele der Vögel nicht.«

Auch der Rabe ärgerte sich über den Pfau und rief: »Hör auf anzugeben. Du platzt ja bald!«

»Bist du neidisch, Pechbruder?«, gab der Pfau zurück. »Weder deine Kehle noch deine Federn sind mit Schönheit gesegnet. Was hast du also Schönes an dir?«, fügte er giftig hinzu.

»Ein kluges Köpfchen, du Federklump«, krächzte der Rabe.

»Köpfchen!«, rief der Pfau und lachte. »Köpfchen, genau, Köpfchen!«, kreischte er und brachte damit viele Tiere zum Lachen. »Willst du ein Loch in deinem Köpfchen haben?« Und bevor der Rabe antworten konnte, versetzte ihm der Pfau einen Hieb mit seinem kräftigen Schnabel und verletzte ihn am Kopf. Ein erbitterter Kampf brach aus. Viele pilgernde Tiere eilten entsetzt davon, andere versuchten, Frieden zu stiften und den Streitenden Barmherzigkeit und Güte beizubringen, doch sie handelten sich nur Schnabelhiebe ein. Nach einer Weile war die Oase entvölkert. Nur der Fuchs schaute vergnügt dem Kampf zu. Der Rabe kämpfte tapfer, doch schließlich unterlag er der Übermacht des Pfaus. Verletzt schleppte er sich in eine Ecke und fing an, über sein Unglück zu klagen. Der Pfau stolzierte herum: »Lass es dir eine Lehre sein, Sohn der Nacht. Dem König musst du dein Herz zu Füßen legen, sonst wirst du in deinem Leben noch viel zahlen!«

»Gib doch bitte nicht so an«, erwiderte der Fuchs, »du hast den tapferen Raben besiegt, weil du zehnmal größer bist als er. Du wirst dich aber vor einem Kampf mit einem gleich Starken drücken.«

»Ich nehme es mit jedem auf! Nicht einmal vor einem Tiger werde ich mich verstecken!«, schrie der Pfau, immer noch außer Atem, zurück.

»Dann lass uns kämpfen! Nur so zum Spiel!«, rief der Fuchs und sprang den Pfau an. Doch dieser wehrte sich mit kräftigen Hieben. Lange dauerte das Ringen, doch dann packte der Fuchs den Pfau am Hals. »Lass das, das tut ja gemein weh«, winselte dieser, doch der Fuchs brach ihm den Hals. »Für dich, lieber Rabe, habe ich es getan«, säuselte er und fraß den Pfau.

Am nächsten Tag wanderten der Fuchs und der Rabe weiter, doch als es Mittag wurde, rief der Fuchs: »Mein lieber Weggenosse, lass uns hier eine kleine Rast machen. Der heilige Ort ist nicht mehr weit.« Der Rabe wollte sich einen schattigen Platz suchen, doch plötzlich sprang der Fuchs auf ihn zu und packte ihn: »Hast du gedacht, ich lasse dich am Leben, damit du den anderen erzählst, was ich getan habe?«

»Nein, du musst mich fressen, ob du es willst oder nicht«, antwortete der Rabe verzweifelt, »aber ich bitte dich um einen letzten Gefallen.«

»Und der wäre?«, fragte der Fuchs und packte den Raben mit seinem Maul.

»Ich habe nicht verstanden, wie du mit deinem kleinen Maul den großen Hals des Pfaus umdrehen konntest. Wie weit kannst du dein Maul eigentlich öffnen?«

»So weit!«, rief der Fuchs und sperrte sein Maul auf. Der Rabe sprang schnell heraus und flatterte davon. Nach einem kurzen Flug erreichte er den heiligen Ort. Dort standen Tausende von Tieren und beteten. Der

Rabe kreiste über ihnen und sah viele Füchse unter den betenden Lämmern, Hasen und Fasanen. »Quark, Quark, dass der Fuchs ein Pilger wird, ist doch Quark, Quark!«, krächzte er und zog seine Kreise. Viele Tiere schauten den Raben verärgert an. Sie riefen ihm zu, er solle mit seinen Rufen den Frieden des heiligen Ortes nicht stören, doch der Rabe kreiste über ihnen und rief: »Quark, das ist doch Quark, wenn der Fuchs den Pilger spielt, Quark, Quark!« Als zwei Adler ihr Gebet unter den Hühnern unterbrachen, um den Störenfried zu vertreiben, machte sich der Rabe davon, doch er fliegt bis heute in der Welt herum und ruft: »Quark, Quark!«

Wie Milad unfreiwillig in die russische Revolution verwickelt wurde

 Es war Herbst, als ich Malula wieder sah. Bei meiner Ankunft erfuhr ich von einem Nachbarn, dass meine Mutter schon im Sommer gestorben war. Ich ging zum Friedhof, doch es gelang mir nicht, ihr Grab unter den vielen ärmlichen Gräbern zu finden. Noch kein Vierteljahr war vergangen und die Spuren meiner geliebten Mutter waren bereits verwischt. Ich irrte tagelang verzweifelt auf dem Friedhof umher und weinte.

Ein Schäfer benachrichtigte meine Tante Faride. Er erzählte ihr, ich sei verrückt geworden und tanze auf den Gräbern. Es stimmt wohl, dass ich tanzte, aber nicht im Wahn, sondern um die Taubheit aus meinen Gliedern zu vertreiben. Der Schmerz um meine Mutter brachte mich fast um, also tanzte ich und weinte, lachte und schrie, bis meine Glieder wieder Erde, Wärme und Kälte fühlten. Da wusste ich, dass ich den Tod besiegt hatte.

Ich hatte keine Ahnung, dass Tante Faride schon vor einem halben Jahr als Witwe ins Dorf zurückgekehrt war. Sie hatte ja mit ihrem Mann, einem Unteroffizier der Gendarmerie, weit im Norden bei Aleppo gelebt. Nachdem sie mit dem Schäfer gesprochen hatte, eilte sie auf den Friedhof, um mich zu sich zu holen. Sie war froh, als sie mich fand, denn sie hatte mich auch für tot gehalten. Die Tante war arm, aber sie lebte nicht im Elend. Von der kleinen Rente, die sie als Witwe eines Unteroffiziers erhielt, konnte sie sich ernähren.

Kaum waren wir bei ihr zu Hause, begann sie von meiner Mutter zu erzählen. »Meine Schwester«, fing sie an, »ist an Kopfverletzungen gestorben, die ihr dies Scheusal von einem Ehemann zugefügt hat. Alle Nachbarn wussten, dass sie nicht von der Leiter gefallen war, wie er behauptete. Er hat sie mit einem Stock geschlagen und mehrmals am Kopf getroffen. In der Nacht vor ihrem Tod schrie sie wie eine Wahnsinnige und flehte die Nachbarn um Hilfe an, doch keiner stand ihr bei. Das tut mir besonders weh, weil ich weit weg in Aleppo lebte und meiner Schwester nicht helfen konnte. Als sie tot war, wurde eilig ein Sarg zusammengenagelt, der Pfarrer gab seinen Segen, und der Mörder lief hinter dem Leichnam seines Opfers her und nahm das geheuchelte Beileid der Gemeinde entgegen. Mir hat man erst eine Woche nach der Beerdigung eine Nachricht zukommen lassen. Ein Hohn!

Die Nachbarn schonten den Mörder, weil sie Angst vor ihm hatten. Sie gaffen, wenn die Scham den Blick abwendet, und stellen sich blind, wenn sie sehen sollen, schnattern, wenn Schweigen weise wäre, und verstummen, wenn die Wahrheit nur ein einziges Wort bräuchte. Sie belauschen, was sie nichts angeht, und sind taub, wenn jemand um Hilfe ruft. Ich hasse sie alle«, erzählte die Tante und fing an zu weinen.

In jener Stunde beschloss ich, den Mann zu töten. »Denkst du, Gott verschont die Mörder?«, fragte die Tante nach einer Weile. Ich antwortete nicht. »Nein«, fuhr sie fort, »die Strafe kam schneller als erwartet.« »Wie bitte?«, fragte ich erstaunt. »Eine Woche nach dem Tod deiner Mutter begann der Teufel den Mann zu reiten. Man kann es nur so nennen. Er machte es sich zur Gewohnheit, kurz vor Sonnenuntergang vor seiner Tür zu sitzen und Passanten zu sich einzuladen. ›Ich bin ein einsamer Witwer‹, begann er immer, ›gib mir die Ehre und sei mein Gast auf ein Gläschen Wein.‹ Frauen gingen ihm aus dem Weg, und es waren nicht unbedingt die Ehrenhaftesten unter den Männern, die seine Einladungen annahmen. Zuerst wurden sie großzügig bewirtet, doch während sie sich über die Pistazien und den Wein freuten, schloss der Verbrecher die Tür ab. War er dann betrunken, begann er seinen Gast zu belästigen.

Im Dorf erzählten die Leute furchtbare Sachen über seine Neigung zu Tieren und Männern, aber ihre Wörter will ich nicht in den Mund nehmen. Jedenfalls waren auch die hartgesottensten Burschen entsetzt und nur die wenigsten gingen freiwillig auf seine Annäherungsversuche ein. Die meisten versuchten zu fliehen, mussten aber entsetzt feststellen, dass die Tür verriegelt war. Da schlug ihr feiner Gastgeber so lange mit seinem Stock auf sie ein, bis sie ihren Widerstand aufgaben und er sich an ihnen vergehen konnte. Bald fiel keiner im Dorf mehr auf seine Einladung herein und die Leute machten einen großen Bogen um sein Haus. Doch eines Abends, etwa zwei Monate nach dem Tod meiner Schwester, schickte ihm der Todesengel einen letzten

Gast. Ein Fremder, es soll ein schöner Jüngling gewesen sein, fragte den vor seiner Haustür Sitzenden, ob er einen Platz wisse, wo er die Nacht verbringen könne. Das Scheusal strahlte über das ganze Gesicht und lud den Fremden zu sich ein. Auch ihn bewirtete er mit Pistazien und Wein, auch ihn versuchte er erst zu verführen und dann durch Schläge zu zwingen. Doch diesmal hatte er sich verrechnet, denn der Jüngling hatte stolzes Blut, keinen Urin in den Adern. Er sprang ihn an und schnitt ihm die Kehle durch. Am nächsten Morgen fanden ihn die Nachbarn tot in einer Blutlache liegen. Aber nicht nur sein Hals hatte das Messer zu spüren bekommen. Sein Ding ... wie soll ich es sagen?«

Die Tante hatte mir in weniger als fünf Minuten von zwei Morden und verschiedenen Gewalttaten erzählt. Doch um mir zu sagen, dass der Jüngling dem Verbrecher das Glied abgeschnitten und es ihm dann in den Mund gesteckt hatte, brauchte sie über eine Stunde. Gott segne den Fremden, wo immer er sei, und öffne ihm alle Türen als Dank für das unwürdige Ende, das er dem Mörder meiner Mutter bereitet hat.

Kurz darauf kam der Bruder des Toten aus Damaskus, verkaufte das Haus und die Ländereien und wanderte mit dem Geld nach Amerika aus.

Ich konnte nicht lange bei Tante Faride bleiben, denn obwohl sie großzügig war und mir reichlich zu essen gab, fühlte ich bei jedem Bissen eine Demütigung. »Schmeckt es dir, mein armer Milad? So etwas hast du bestimmt noch nie gegessen. Nimm noch mehr! Was knabberst du so vorsichtig, als wärst du eine Maus? Greif ordentlich zu. Ich habe reichlich und gebe es gern. Sei Gott dankbar, dass du eine solche Tante hast.« Die zwei Tage, die ich bei ihr blieb, waren schwerer auszuhalten als die Arbeit auf dem Feld bei dem Geizhals. Es gibt eine Großzügigkeit, die dich erschlägt. Sie hinterlässt keine Narben im Gesicht, aber sie verletzt dich im Herzen. Ich stahl ihr drei Brote und ein Glas Oliven und machte mich auf zur Höhle. Dort blieb ich zwei Nächte, und wieder erschien mir eine Fee.

»Im Bauch des Felsens bist du geborgen, und er bewahrt den Schatz für dich auf, bis du den Hunger einundzwanzig Tage hintereinander besiegt hast«, sprach sie. Diesmal trug sie ein goldenes Kleid, so golden wie die reifen Weizenähren in Malula.

Als ich aufwachte, dachte ich lange nach. Kein Fischer wird sein Glück im weiten Meer finden, wenn sein Boot am Ufer vertäut ist. Mein Tau war die Sehnsucht nach meiner Mutter gewesen, deshalb hatte ich es nicht gewagt, mich weiter von Malula zu entfernen. Der Tod hat mir jedoch meine Mutter näher gebracht. Sie war nicht mehr an Malula gebunden und wanderte jetzt als Erinnerung mit mir, wohin ich auch ging. So brach ich nach Damaskus auf. Der Erste Weltkrieg dauerte bereits sein viertes und letztes Jahr. Ich durfte mich nicht erwischen lassen, denn alle jungen Männer mussten in den Krieg. Auf den Straßen zur Hauptstadt errichtete die Armee Kontrollstellen. Ich gelangte mithilfe von Schmugglern in die Stadt und suchte nach Arbeit, fand aber kaum etwas, und wenn, dann nur für ein paar Tage; danach musste ich mich von neuem verstecken.

Ich vergaß keinen Augenblick den Schatz, den die Fee mir versprochen hatte, war aber in dieser Zeit mehr damit beschäftigt, meinen Kopf aus den Schlingen der Suchtrupps zu ziehen. Mehr als zehnmal haben sie mich gefasst und genauso oft bin ich ihnen wieder entkommen. Einmal wurde ich auf der Flucht angeschossen. Hier, siehst du die Narbe auf meiner Brust? Die stammt aus jener Nacht. Ich blutete stark. Mit letzter Kraft zog ich mich in den dunklen Eingang eines vornehmen Hauses im nördlichen Teil von Damaskus zurück. Ein Mann kam heraus und schrie mich an, was ich dort mache, ob ich etwa seine Frau und seine Tochter begaffen wolle. Das waren die letzten Worte, die ich hörte, bevor ich in Ohnmacht fiel. Als ich wieder zu mir kam, sah ich ein wunderschönes Gesicht über mir und dachte im ersten Augenblick, ich wäre gestorben und schon im Himmel. Die Frau fragte mich, wer mich so zugerichtet habe.

»Wer wird einen Gauner schon verletzt haben? Ein anderer Halunke«, brüllte ihr Mann aus dem Innenhof. Kurz darauf trat er auf mich zu.

»Woher kommst du? Wie heißt du, Junge? Und was hast du verbrochen?« Ich stellte mich stumm, doch der Mann war misstrauisch und warf mich nach zwei Tagen hinaus.

Das letzte Kriegsjahr raubte Damaskus alle Kraft, brachte Hunger und Tod für zahllose Familien. Viele Söhne kehrten nie wieder heim. Damaskus, das Schönheitsmal Arabiens, war nur noch eine kranke und müde Stadt. Ich hasste ihren Anblick, hungerte mit ihr und blieb eine Zeit lang ihr Gefangener, und die Verfluchte machte mich nicht einmal zwei Tage satt. Als der Krieg zu Ende war, wollte ich den ungastlichen Ort verlassen und mein Glück in Beirut versuchen. Die Stadt liegt, wie du weißt, am Mittelmeer, das damals voller Fischer, Schmuggler, Abenteurer und tödlicher Gefahren war.

Man sagte, wer aufs Meer hinausgeht, ist verloren, und wer zurückkehrt, ist wie neugeboren. Ich wollte hinaus, ich wollte sterben oder noch einmal neu geboren werden.

Doch es kam anders.

Ich brach mit Sarkis, einem anderen Malulianer, auf nach Beirut. Er wollte nach Brasilien weiterreisen, wo bereits sein Bruder lebte. Kurz vor Staura machten wir Rast und ich fing nach kurzer Hetzjagd ein Kaninchen. Wir freuten uns über die Beute, machten Feuer und fingen an, das kleine Tier zu rösten. Dabei unterhielten wir uns laut auf Aramäisch, ohne zu ahnen, dass misstrauische Augen uns aus dem Dickicht beobachteten. Noch bevor wir das zarte Fleisch vom Feuer nehmen konnten, überfielen uns vier Männer. Sie hielten uns arme Teufel für wichtige Spione. Sie selbst gehörten einer dieser großen Banden an, von denen ich dir schon erzählt habe. Sie nannten sich Befreiungsarmee und hatten den gesamten Weg zwischen Damaskus und Beirut unter ihre Kontrolle gebracht. Ihr Anführer war ein kleiner Mann mit feurigen Augen, aus denen der Wahn sprühte. Überall sah er Spione und Meuchelmörder. Wenn er sprach, war er bereits nach drei Sätzen heiser vor Aufregung, doch seine Männer liebten ihn, weil er sich auch in Todesgefahr nicht versteckte, sondern immer dem Kampf stellte. Und er teilte die Beute seiner Überfälle gerecht.

Zu diesem Mann wurden wir nun geschleppt, und bald droschen seine Folterknechte auf uns ein, aber wir konnten ihnen nur immer wieder sagen, dass wir keine Spione waren, sondern arme Leute aus Malula.

»Und wo liegt dies Malula?«, fragte der Hauptmann am vierten Tag. Wir dachten, nun würde er uns glauben. »In der Nähe von Damaskus. Zu Fuß braucht man nur einen Tag«, erwiderte ich. Leider überzeugte die Antwort den Anführer endgültig davon, dass wir logen. »Wenn ihr wirklich aus der Nähe von Damaskus stammen würdet, müsstet ihr arabisch reden. Jetzt tut ihr das zwar, aber untereinander habt ihr eine ausländische Sprache gesprochen.« Er ließ uns in Ketten legen, wahrscheinlich hoffte er auf eine große Menge Lösegeld von der vermeintlichen ausländischen Macht, die er hinter uns wähnte, denn im Allgemeinen war er ein kaltblütiger Mörder, der seine Widersacher erschießen ließ, während er ruhig sein Mittagessen genoss. Er erwartete täglich eine Delegation, die über uns verhandeln sollte. Wir hausten in einer feuchten Erdhöhle und die Männer verhöhnten uns. Mein Weggefährte Sarkis nutzte, nach einem halben Jahr Gefangenschaft, eine Unaufmerksamkeit der Wächter und versuchte zu fliehen, doch weit kam er auf seinen schwachen Beinen nicht. Sie haben ihn erschossen.

Wie lange ich ein Gefangener der Banditen blieb, weiß ich heute nicht mehr. Jeder Tag kam mir wie eine Ewigkeit vor. Ich dämmerte vor mich hin, bis ein Journalist aus einer reichen Damaszener Familie zu der Bande stieß. Dieser Mann rettete mir das Leben. Oder war es die heilige Takla? Oder meine Fee? Ich weiß es nicht. Der Journalist hatte jedenfalls eine große Menge Gold bei sich und gewann sofort das Vertrauen des Hauptmanns, zumal dieser mithilfe des wortgewandten jungen Mannes die Zahl seiner Anhänger in der Bevölkerung erheblich zu mehren hoffte. Eines Abends stellte sich heraus, dass der Journalist einmal in Malula gewesen war, um sich im Kloster der heiligen Takla von seinem Augenleiden heilen zu lassen. Wie du weißt, ist das Kloster durch Glauben und Aberglauben derer, die von Krankheit geplagt wurden, mächtig geworden. Tausende von Menschen suchten im Kloster Heilung von den Leiden, die Ärzte und Scharlatane nicht lindern konnten. Und wenn nur einer von tausend geheilt wurde, überzeugte diese Nachricht weitere tausend, ob Juden, Christen oder Muslime. So auch den Journalisten, der unserer heiligen Takla ungeheuer dankbar war, weil er, wie er sagte, ohne ihre Hilfe erblindet wäre. Ich war überglücklich, dass er Malula kannte, und bekräftigte seine Geschichte mit einem saftigen Wundermärchen, in dem die heilige Takla beim Untergang der Titanic eine ganze Familie aus Malula rettete, weil die kleine Tochter Takla hieß und in der Stunde der Not »O heilige Takla, rette uns!« ausrief.

Dem Journalisten gelang es, den Räuberhauptmann zu überzeugen, dass man in Malula aramäisch und nicht arabisch sprach, und ich wurde begnadigt. Allerdings ließ man mich nicht nach Beirut weiterziehen, sondern schickte mich nach Damaskus zurück. Warum? Das blieb das Geheimnis des Bandenführers.

Wie ich später erfuhr, brachte mein Retter dem Anführer der Bande den Tod. Er war ein gut getarnter Spitzel der ärgsten Feinde dieses Banditen. So mörderisch war die Zeit.

Es war Winter, als ich wieder in Damaskus ankam, deshalb suchte ich einen Malulianer namens Ibrahim Mloha auf, der in der Nähe des Thomastores seine Bäckerei hatte.

Damals arbeiteten viele Malulianer als Bäcker im christlichen Viertel von Damaskus. Ich schlief in der Bäckerei und schuftete von morgens bis abends für ein Stück Brot und einen Schlafplatz über den Mehlsäcken. Mehrere Monate vergingen, ohne dass ich drei Tage hintereinander satt werden konnte.

Zu Ibrahims Kunden gehörte auch ein gut angezogener Herr, der jeden Tag bei ihm sein Brot kaufte. Er fand aus irgendeinem Grund Gefallen an mir und gab mir jedes Mal eine feine ausländische Zigarette. Eines Tages fragte er mich, ob ich nichts Besseres wüsste, als in der Bäckerei vor die Hunde zu gehen. Ich erzählte ihm, dass ich nur einundzwanzig Tage lang satt werden wollte.

»Bei mir kannst du den Hunger für immer vergessen, wenn du tüchtig bist«, lockte er, und ich folgte ihm.

Er lud mich in ein Restaurant ein, wo ich so viel bestellen durfte, wie ich wollte. Ich aß wie ein hungriger Wolf. Meinen Gastgeber belustigte der Anblick. Er lachte. Nach dem Essen gingen wir in einen Park am Fluss, wo er mir erklärte, was ich zu tun hatte. Niemand dürfe wissen, dass ich für ihn arbeite, sagte er. Ich sollte für ihn auf Kundenfang gehen, die Leute bis zur Tür seines Ladens bringen und dann verschwinden. Meinen Lohn würde ich Tag für Tag im Park bekommen. Ich sollte um achtzehn Uhr an der alten Eiche warten. Er würde dann kommen und mir für jeden Kunden zehn Piaster geben. Ein Vermögen für mich! Als Vorauszahlung händigte er mir zwanzig Piaster aus und befahl mir, zum Friseur und ins Bad zu gehen und mir eine gute Herberge zu suchen.

»Kein Esel wird Vertrauen zu dir haben, wenn du in diesen Lumpen herumläufst und dreckiger bist als ein räudiger Hund«, spottete er und schob mich in das nächste Geschäft. Dort ließ er mir ein Hemd, eine Hose, neue Wäsche und Schuhe einpacken, zahlte und verschwand.

Am nächsten Morgen begann ich, bei der Goldschmiedegasse reichen Bauern aufzulauern. Den ersten fing ich gegen Mittag ab. Er wollte wegen der unruhigen Zeiten für sein Geld Gold kaufen. Wie mein Herr mir befohlen hatte, fragte ich den Bauern, ob er sein Geld verdoppeln wolle, und der Einfältige biss an. »Ja, sicher«, antwortete er. Ich zeigte ihm das Geschäft meines Brötchengebers, das am Ende der Goldschmiedegasse, links vom Eingang der Moschee, lag. »Dort kannst du reich werden«, flüsterte ich geheimnisvoll, und der gierige Dummkopf eilte mir voraus.

Vor dem Geschäft angekommen, nahm ihn mein Herr in Empfang. Ich hatte eigentlich nichts weiter zu tun, doch ich wollte sehen, was geschah, und blieb in der Nähe der Tür. Wie ein erfahrener Geldwechsler zog mein Gönner, dieser elegante Teufelskerl, ein Bündel wunderschöner Geldscheine hervor und zeigte es dem Bauern. »Das ist echtes russisches Geld, von Seiner Hoheit, dem Zaren Nikolaus Alexandrowitsch, persönlich herausgegeben.«

»Ja, aber dort soll eine Revolution im Gange sein und Chaos herrschen«, unterbrach ihn der Bauer.

»Sicher, mein Freund, sicher. Aber das sind nur zwei Banditen namens Lenin und Trotzki. Mickrig klein ist der eine und fast blind der andere«, sprach er verächtlich und legte ein Bild auf den Tisch, das Trotzki mit Brille zeigte. »Und diese beiden wollen mit ein paar Halunken den Zaren stürzen«, fuhr der Gauner fort. »Sie wollen einen Bauern zum Präsidenten und einen Straßenkehrer zum Gesundheitsminister machen. Ich frage dich, kann das gut gehen?«

Der Bauer schüttelte den Kopf. »Der Teufel muss sie

geritten haben. Bauern können melken und säen, aber doch nicht regieren«, bestätigte er.

»Meine Rede, und deshalb steht die ganze zivilisierte Welt auf der Seite des starken Zaren«, sprach mein Herr leise und zog ein Bild von Nikolaus mit vielen Orden auf der Brust hervor. »England, Frankreich, Japan, Finnland, Polen und die Deutschen sind gegen diese Kikeriki-Bolschewiki. Schau dir nur das neue kommunistische Geld an. Nicht einmal gutes Papier haben sie.« Er beugte sich zu dem Bauern vor und sprach nun vertraulich leise, so dass ich ihn nur noch mit Mühe verstehen konnte. »Es ist höchstens eine Frage von Monaten, dann wird der russische Rubel die Wolken kratzen. Heute ist er noch billig, aber bald ist jeder dieser Scheine das Zehnfache wert. Wenn sich die Engländer irgendwo einmischen, verlieren selbst die Schlangen ihre Zähne. Das werden die Banditen Trotzki und Lenin noch spüren.«

»Ja, die Engländer sind hinterhältig. Gott bewahre uns vor ihnen«, antwortete der Bauer, hielt eine Weile inne und starrte die Geldscheine an. »Und warum willst du mir die Rubel verkaufen und behältst sie nicht selber?«, fragte der arme Tropf immer noch etwas misstrauisch.

»Ich habe eine Menge davon geerbt. Meine Tante Katharina gehört dem russischen Adel an. Doch jetzt brauche ich Bargeld für meinen Export und Import. Ich wickle gerade ein großes Geschäft in Frankreich ab«, fabulierte der Gauner seelenruhig weiter. Genau in diesem Moment kam ein gut gekleideter Mann zur Tür herein – anscheinend wie ich ein Komplize – und legte zwei Perlenketten auf den Tisch.

»Tante Katharina lässt grüßen und ausrichten, wenn das für das Geschäft in Frankreich nicht ausreicht, sollst du heute Abend bei ihr vorbeischauen und ihre Juwelen mitnehmen. Das russische Geld sollst du auf keinen Fall verkaufen. Sie hat gerade in den Nachrichten gehört, dass die englischen Truppen Moskau eingekesselt haben. Trotzki ist verschwunden und Lenin ist verletzt«, berichtete der gut angezogene Kerl und verschwand wieder.

Der Gauner nahm die Ketten, sammelte die Geldscheine ein und öffnete einen eisernen Schrank hinter sich, in dem Juwelen und Schmuck neben meterhohen Geldstapeln lagen. Die Augen des Bauern weiteten sich. »Wie viel kostet so ein ... ich meine, ein Rubel?«, fragte er mit trockener Kehle.

»Ich kann leider nicht mehr verkaufen. Du hast ja gehört, was meine Tante gesagt hat. Die Engländer ...«

»Ein paar kannst du einem armen Bauern doch verkaufen. Du hast so viele«, flehte der Armselige. Und kurz darauf hatte ihn der Gauner um sein ganzes Geld erleichtert. Der Geprellte erhielt dafür ein großes Bündel wunderschöner wertloser Scheine.

»Gott soll dem großen Herrscher Nikolaus zu seinem Recht verhelfen. Gott strafe die Balschawik«, rief er beim Hinausgehen. Dass der Zar zu jener Stunde längst unter der Erde war, wussten nur die wenigsten.

Tag für Tag brachte ich meinem Herrn neue Kunden. Er verkaufte das bunte Papier für gutes Geld und hatte dabei nichts zu befürchten, denn jeder Geldwechsler bestätigte den Bauern, dass das Geld echt war. Damals konnten nur wenige Menschen lesen und im ganzen Viertel gab es vielleicht ein einziges Radio bei der reichsten Familie. Und was erzählten diese verdammten Kästen? Sie plärrten den ganzen Tag vom bevorstehenden Sieg der Verbündeten gegen Trotzki. Als hätte mein Brötchengeber alle Sprecher bestochen, wiederholten sie seine Worte rund um die Uhr. Die Bolschewiki seien eine Horde gottloser Mörder, die mit ihren eigenen Schwestern schliefen. Tag für Tag überrannte General Soundso die Stadt Wasweißich und rieb alle Bolschewiki auf. Der Gauner schnitt die Bilder der dickbäuchigen Offiziere aus der Zeitung aus und hielt sie seinen Opfern vor die Augen. »Im Ernst«, säuselte er wie eine Schlange, »glaubst du wirklich, dass dieser General von einem ausgemergelten, halb blinden Typen wie diesem Trotzki besiegt werden kann? Schau dieses Gesicht, diesen Schnurrbart und diese Adleraugen an – die bringen schon mit einem Blick hundert Soldaten um.« Und seine Zuhörer zollten den Bildern der starken Männer Respekt, ließen ihr Geld da und eilten mit den bunten Zarenscheinen davon.

Tag für Tag kam er in den Park, gab mir meinen Lohn und mahnte mich, ich solle mich ordentlich kämmen und pflegen. Wo der zweite Komplize sein Geld erhielt, verriet er mir nicht.

Eines Tages folgte ich ihm deshalb aus Neugier. Ich wollte unbedingt wissen, wo er den andern Gehilfen traf. Plötzlich verschwand der Gauner im Eingang eines Hauses, das nach ihm noch andere Männer betraten. Zuerst hielt ich es für ein Bordell, doch vom Besitzer der kleinen Kneipe schräg gegenüber erfuhr ich, dass es in dem Haus eine Spielhölle gab. Sie gehörte einem Franzosen, der schon seit einer Ewigkeit in Damaskus lebte, und alles, was in der Stadt Rang und Namen hatte, spielte bei ihm, sogar der Polizeipräsident. Jeden Tag ging mein Brotgeber hin. Er war der Spielsucht erlegen. Spielern wird bei der Geburt das Glück entzogen, deshalb werden sie irr auf der Suche nach ihm. Als ich von seiner Spielsucht erfuhr und vom Kneipenbesitzer noch einige Geschichten über das traurige Schicksal von Spielern hörte, bekam ich Mitleid mit dem Gauner, der anscheinend Nacht für Nacht verlor. Oft war er am nächsten Morgen wie ausgebrannt, und erst wenn der nächste Kunde seinen Laden verließ, hatte er genug Geld, um sich aus dem nahen Café ein Frühstück bringen zu lassen.

Tag für Tag kamen die Kunden und flehten anschließend Gott an, dem Zaren Nikolaus mit Engeln und Engländern zu Hilfe zu kommen. Und sie schickten ihre nächsten Verwandten zu meinem Herrn, weil dieser Halunke sie um Geheimhaltung bat. In Damaskus kannst du keine Nachricht schneller verbreiten, als wenn du deinem Zuhörer sagst, sie sei geheim. Die Worte »unter uns gesagt« versteht jeder als Aufforderung, das Gesagte so schnell wie möglich weiterzugeben. So lief eigentlich alles hervorragend, und manchmal musste ich sogar einen Kunden auf später vertrösten, weil der Laden schon voll war.

Meine Arbeit wurde bald zur einfachen Routine, nicht jedoch die des anderen Gehilfen. Seine Auftritte im Laden hatten tausend Gesichter. Mal war er ein Kurier, mal als Polizist verkleidet, der dem Ladenbesitzer zustimmte und so Vertrauen erweckte. Am schlimmsten für die armen Tölpel war es, wenn er als reicher Händler auftrat und alle Rubel kaufen wollte. Dann überließen sie dem Gauner alles, was sie hatten. War das

Geld zu Ende, tauschten sie Goldringe, Uhren, Schmuck und Pistolen gegen das bunte Papier. Wenn der Zar von Russland gewusst hätte, wie seine Rubel in Arabien begehrt waren, wäre er vielleicht noch mal auferstanden.

Der Halunke hörte Tag und Nacht die Nachrichten, als wären sie das Wort des Herrn. Sobald die Kunden verschwanden, lief er zum Rundfunkgerät, das er in einem Schrank neben dem Tresor versteckte. Er lauschte den neuesten Berichten von der Front. Das konnte ich von meinem Posten gegenüber dem Laden beobachten.

Eines Abends, als er mir wie immer mein Geld brachte, forderte er mich auf, nach Einbruch der Dunkelheit zu seinem Laden zu kommen und mich durch die Hintertür ins Haus zu schleichen. Ich tat wie befohlen, und er fragte mich, ob ich eine Woche später mit ihm nach Aleppo fahren würde, um eine große Ladung russisches Geld abzuholen, die gerade von Russland über die Türkei nach Syrien gebracht würde. Die Sache sei gefährlich, deshalb würde er mir zwei Goldlira zahlen, eine im Voraus und eine danach. Ich stimmte sofort zu, was ihn erleichterte, weil der andere Mitarbeiter ihn offenbar nicht begleiten wollte.

»Er ist als Schauspieler hoch begabt, aber wenn es darauf ankommt, ist er ein Angsthase. Wer weiß, vielleicht ist er auch bloß ein Hase, der gut den Menschen spielen kann«, sagte er bitter. Und dann kamen die Nachrichten. Als er hörte, dass die Angreifer schon vor Petrograd standen, erbleichte er. Er sprach eine Weile kein Wort mehr, sondern suchte immer neue Sender. Alle bestätigten seine Befürchtung. »Das gibt es doch nicht. Sie schaffen es doch noch, und ich habe Millionen an lausige Bauern verscherbelt«, stöhnte er, dann lauschte er wieder anderen Nachrichten in fremden Sprachen, die ich nicht verstand. Schließlich sackte er verstört auf seinem Stuhl zusammen. »Die Hurensöhne werden die Bolschewiki noch stürzen. Ich bin wirklich ein Esel, dass ich kistenweise echte Rubel verschenkt habe«, klagte er.

»Gott schütze die Bolschewiki«, betete ich daraufhin laut und hob meine Arme zum Himmel, »damit es meinem Herrn besser geht und ich bald nach Malula zurückkehren kann.« Der Gauner lächelte verbittert. Kurz vor Mitternacht verließ ich das Haus und lief durch die dunklen Gassen in das kleine Gasthaus, wo ich seit einiger Zeit wohnte. In jener Nacht habe ich die heilige Maria angefleht, sie solle Trotzki beistehen, damit er seine Feinde besser sehen könne. Einen Hammel wollte ich den Armen spenden, wenn die Bolschewiki siegten.

Am nächsten Tag standen die Leute Schlange vor dem Geschäft des Gauners. Jeder tat so, als ob er zufällig vorbeigekommen wäre, doch er verkaufte keinen einzigen Rubel mehr. Ich stand auf der anderen Straßenseite und beobachtete ihn, wie er verzweifelt die gierigen Kunden zurückdrängte. Und dann kam er um Punkt achtzehn Uhr in den Park und händigte mir meinen unverdienten Lohn aus. »Ich habe dir aber keinen einzigen Kunden gebracht«, widersprach ich.

»Doch, doch«, strahlte er, »du hast mehr als das gemacht. Du hast doch gestern Nacht gerufen: ›Gott schütze die Bolschewiki‹. Dein Gebet wurde erhört. Sie haben heute Mittag den Sieg errungen. Die Franzosen, Japaner, Deutschen und vor allem die Engländer wissen nicht einmal mehr, wie sie sich zurückziehen sollen. Morgen musst du noch tüchtiger sein. Wir haben nicht mehr viel Zeit«, sagte er.

»Und die Kiste mit den Rubeln aus Aleppo?«, fragte ich.
»Dafür ist es jetzt leider zu spät.« Er zuckte mit den Schultern und verschwand.

Genau neunzehn Tage war ich bei dem Kerl satt geworden, doch am zwanzigsten Tag brach das Unheil herein. Ich kam mit einem Händler aus dem Norden schon kurz nach zehn Uhr morgens an. Der Laden war aber geschlossen. Ich tröstete den Kunden, lud ihn ins Café ein und bestellte für uns beide einen Tee.

Wäre ich als kleinerer Pechvogel auf diese Welt gekommen, hätte ich auf dem Weg nach Malula den Wind gejagt, denn ich hatte noch Geld für mehrere Tage. Doch ich Esel bewirtete den Kunden und kehrte dann mit ihm zum Laden zurück, der immer noch geschlossen war. Manchmal denke ich, mein Vater hat mir viel von seiner Langsamkeit in die Wiege gelegt. Anstatt lautlos zu verschwinden, wartete ich mit dem Mann vor der Tür, und plötzlich bogen zwei Bauern mit einer Schar Polizisten in die Gasse ein. Ich wollte schnell wegrennen, doch sie riefen: »Haltet den Dieb«, und der verfluchte Kunde, der gerade noch auf meine Kosten Tee getrunken hatte, hielt mich fest. Die Bauern schlugen mich fast tot, während die Polizisten ihnen zuschauten. Auf der Polizeiwache traf ich den anderen Gehilfen. Er war ebenfalls übel zugerichtet, aber er lachte. »Milad«, sagte er, »mach dir nichts draus. Ich spiele nur die Rolle eines Gauners, der in die Hände der Polizei gefallen ist.« Wo der große Halunke geblieben war, erfuhren wir nicht, aber ich war verwundert, dass sich kein einziger Nachbar erinnern konnte, wie der Mann hieß und wie er aussah.

»Hat dein Partner nicht gesagt, der Zar wird siegen? Hast du uns nicht zu deinem Partner gebracht, der uns das Geld geraubt hat?«, beschuldigten sie mich beim Richter. Ich verfluchte laut den Zaren Nikolaus, doch es half nichts. Es meldeten sich immer mehr Zeugen. Die Zeitung veröffentlichte am nächsten Morgen mein Foto und das des anderen Gehilfen, und schon strömten die Tölpel herbei, die durch die eigene Gier um ihre Habe erleichtert worden waren, und weinten bittere Tränen. Sie taten mir Leid und ich weinte mit ihnen.

»Ihr seid Pechvögel«, bedauerte uns der Richter. »Hätten die anständigen Kräfte Russlands gesiegt, hätten die Leute euch beweihräuchert. Leider haben die gottlosen Bolschewiki gewonnen«, fuhr er lächelnd fort und verurteilte mich wegen Betrugs zu fünf Jahren Gefängnis und den anderen Gehilfen zu zehn Jahren Zwangsarbeit, weil er bereits zum dritten Mal wegen Betrügereien verhaftet worden war. Noch im Gerichtssaal beschloss ich, so schnell wie nur möglich aus dem Gefängnis zu fliehen. Lieber wollte ich sterben als fünf Jahre dort schmachten.

Quellennachweis

Das Schwein, das unter die Hühner ging
Der fliegende Baum
Wie die Mohnblume eine neue Welt entdeckte
Der Drache von Malula
Die Homsianer
Der Schnabelsteher
aus: Der fliegende Baum
© Carl Hanser Verlag München Wien 1997

Liebesübungen
aus: Die Sehnsucht der Schwalbe
© Carl Hanser Verlag München Wien 2000

Hände aus Feuer
Kebab ist Kultur
Der Fliegenmelker
aus: Der Fliegenmelker
© Carl Hanser Verlag München Wien 1997

Der erste Kuss nach drei Jahren
Der Kummer des Beamten Müller
aus: Die Sehnsucht fährt schwarz
© Carl Hanser Verlag München Wien 1997

Die Traumfrau
Herbststimmung
Der E-Furz
Andere Sitten
Prozentprophet
aus: Gesammelte Olivenkerne
© Carl Hanser Verlag München Wien 1997

Was Frauenfürze alles bewegen können
aus: Reise zwischen Nacht und Morgen
© Carl Hanser Verlag München Wien 1995

Der einäugige Esel oder
Wie einer auf dem Richter reiten wollte
Der kluge Rabe oder Der Fuchs als Pilger
aus: Märchen aus Malula
© Carl Hanser Verlag München Wien 1997

Wie Milad unfreiwillig in die russische Revolution
verwickelt wurde
aus: Milad
© Carl Hanser Verlag München Wien 1997